獻給在生命中尋找方向的人

FOR2

FOR life FOR belief

一隻牡羊的金剛經筆記

The Diamond Sutra and Me:
The Confessions of an Underground Buddhist

郝明義

目錄

一、遲來的牡羊

✓到一九九六年之前，我一直以爲自己是雙魚座。雙魚座很有夢想，不很務實，挺有矛盾的性格，又有些直覺力等等，都能在我身上找到印證。因此有很長一段時間，我都把自己想成一條長著兩隻肥頭大耳的雙魚。

何況，這條魚一直還游得挺快樂的，又那麼幸運。

✓一九七八年，大學畢業。

在那個全台灣都在追求外銷的年代，去應徵工作，亮出台大國際貿易系的帽子，總會受到熱烈歡迎。但是實際去面談的時候，對方看到你拄著一雙拐杖，又總會叫你等候通知。

人要創造自己的命運嘛，所以我乾脆和朋友一起開個貿易公司。志氣很大，但是寫多少開發信也沒人回，不到三個月就倒閉了。事後回顧，不知道和公司英文名字有沒有關係。英文名字，當時直接從中文「蓋亞企業」音譯，稱之爲"Gay & Company"是也。

之後，我在一棟混雜著謀殺命案、黑道老大、小弟、賭徒、舞女、應召女郎的大廈裡，混了大半年。

山窮水盡之際，聽說去韓國客串跑單幫是條路子。帶些台灣的藥材回去，再換些毛毯和人參回來。算盤打的，沒有一本萬利也是一本三利。但是任何工作都需要專業。跑單幫也是。想客串一把的我，偷雞不著蝕把米。債上加債不說，連回台灣的路費都沒了。

✓因爲欠債不少，回台灣也沒出路，在當時還叫作「漢城」的首爾流浪了一陣。走投無路，有人建議我不如在韓國留下來，去華僑中學當個老師。生活穩定，有了收入，再徐圖還債。

這種建議聽來很穩妥，但不是我要的。有點像是包了糖衣的毒藥。走上這條路的話，當初又何必去台灣讀書？

✓還好有一位眞正專業跑單幫的先生，出了個主意。居住在韓國的華僑，有一種需要定時更新生效的暫時居留權。當時，如果放棄在韓國的居留權而回台定居的話，台灣有一個特許，可以多帶一些東西通關，不必上稅。

這位專家說，如果我放棄韓國的居留權，把這個通關特許讓給他，他就回報我一張回台灣的機票。

我說，那好。

✓不知怎麼，從小我就覺得「背水一戰」、「置之死地而後生」中，有一種美感。

把自己認作是雙魚座的時候，覺得這都是愛好夢想的特質在作祟。

我就這樣身無分文地回到台北。一位叫柳耀中的朋友接濟我，在興隆路跟一位二房東分租了一間屋子過了幾個月。

✓當時在黨外雜誌《八十年代》上班的二房東，叫鄭麗淑。她看我每天在家裡和太陽對望不是辦法，說長橋出版社的老闆鄧維楨常去他們公司，在找英文翻譯，問我要不要試試。

一九七九年的夏天，我成爲長橋的特約翻譯。再不久，他們有個編輯的位置出缺，我補進去，正式進入出版業。

✓長橋這第一個工作，給了我當一個編輯的完整基礎訓練。

尤其，藉著鄧維楨先生要我開發一個英文學習雜誌的機會，我大量閱讀了各種國外期刊，還去台大的研究圖書館讀了整整十年的《時代》（*TIME*）周刊，把一篇篇值得參考的文章影印下來。

我不只從頭學了一遍英文，後來做編輯的視覺美學思考，也和那段時間的吸收有關。

✓創立《世界地理雜誌》的陳明達先生，找我去籌辦一本科技刊物《2001》，使我第二個工作有了獨立主持編輯部門，實際動手編一本雜誌的歷練。

在《2001》的時候遇見一個日本人，請教他爲什麼日本讀書風氣那麼盛。他說日本沒有資源。我說台灣也沒有。他說哪裡，你們稻米一年可以產三次呢。

他那句話，給我的震撼很大。我體會到人不要妄自菲薄。原來一天可以工作十二個小時的話，之後就更練習工作到十六個小時以上了。

✓第三個工作，我去了《生產力》雜誌。這原來是中國生產力中心幾十年歷史的內部刊物，石滋宜博士和副總經理萬以寧，想要改版，面對市場。

黃明堅因爲我當時失業，介紹我去應徵，接下了試用三個月的改版任務。三個月後，石博士要我正式負責《生產力》雜誌，不但要管編務，還要進一步爲發行和廣告業務負責。總之，當一個利潤中心的主管，也可以說是負責一個有實無名的公司。

從《生產力》雜誌開始，有些工作夥伴和我逐步建起長期的合作默契。

✓改版的《生產力》雜誌，我瞄準中小企業，喊出「實戰的經營智慧」，引起很多回響。有一天，《工商時報》副刊主任蘇拾平打電話給我，說余範英發行人想認識我。

余小姐看了我一篇〈義氣的朋友〉文章，想見我。認識余小姐，開啓了我人生新的一扇門。

✓一九八七年左右的台灣，事情眞多。

解嚴。大家樂。股市從一千點開始起飛。報禁即將開放。

那是一個連皮膚都可以感受到空氣中的震動的時候。

✓因為和余小姐有了雖然只是一面，但十分投緣的談話，所以後來要離開《生產力》的時候，就想到打個電話給余小姐，問她是否可能介紹我見一下余紀忠先生。

余小姐一口就答應了。

✓一個天色陰暗的星期天早上，我去余紀忠先生家裡見他。

我跟余先生說，我想編《時報新聞周刊》，相信自己可以給這本當時創刊有段時間的雜誌，帶來些新的面貌。

以前都是在傳聞中聽說余先生用人的魄力，那天親身體會。余先生聽我這初見的人說了半個來小時，立即同意，要我馬上以副總編輯到任，再升我爲總編輯。

後來，我以一個星期的準備時間，爲《時報新聞周刊》改版。

✓《時報新聞周刊》算是一種過渡。眞正意義上，半年多之後，余先生要我去接時報出版公司的總經理，是我的第四個工作。

和《生產力》雜誌階段不同的是，這次我不只是負責一個有實無名的利潤中心，而是一個有實有名，並且還有相當規模的公司。

一九八〇年代末的台灣出版市場，正要設法和國際接軌。余先生充分支持，又有時報資源的後盾，接下來我有了各種嘗試、開展的機會。

✓一個大學畢業後應徵無門的人，花九年時間，前後經歷四個逐階育成及銜接的職位就來到這裡，不能不說幸運。

幸運到我都沒覺察到自己有多麼幸運。

✓在時報工作近八年，到一九九六年快要離職的時候，才突然發現我不是雙魚座。我對星座沒有研究。錯當了那麼久的雙魚，是因爲把農曆換算成陽曆生日時候的一個錯誤造成的。

遲來總比沒有好。那年三月底，台灣在慶祝李登輝當選第一屆直選總統，我自己則在打包交接的時候，總算知道自己原來是個牡羊座。出生在「出版節」的牡羊座。

用牡羊座而不是雙魚座來回顧自己的路程，就更有跡可循了。

✓牡羊好奇。我相信管他什麼風險，試一試總不會死。

牡羊前進。我可以連續兩個月每天睡眠不到兩個小時。

牡羊快速。我享受手起刀落，相信不拘小節。

牡羊樂觀。我白天有什麼煩惱，在計程車上打個盹就可以化掉一些；晚上有什麼煩惱，睡個覺起來就好許多。

牡羊往前看。我不做重複自己的事。

✓在那個節骨眼上知道自己是牡羊，也感慨良多。

在時報近八年，我追求成長的幅度，也追求速度，一路把新書出書量增加了七倍，營業額拉高了大約六倍。

但正當我設定下個目標，要開始衝刺的時候，卻陷入火線。因爲我們投資成立的一個漫畫連鎖店倒閉，加上我支持的兩家漫畫中盤出現經營危機而大量退書等一連串因素，開啓我被檢討的序幕。各方意外的伏擊與地雷也隨之全開，交織成一片火網。

攻防戰進行了幾個月，最後因爲火網之外溢進一枚意外的石子，結束了僵持的戰局。駱駝背上會有最後一根草，戰場上會有最後一顆石子。我上了辭呈，決定一個星期之內，就交接離任。離任第二天，《EQ》正式上市，創了一個暢銷書的紀錄。

✓在突然發現自己原來是陸上動物，而不是水裡動物的那前後，我在驚異混雜的心情中，逐漸多了一些體會。

✓好奇會殺死一隻貓。原來也包括牡羊。每天睡兩小時沒關係，但是一個星期有五天要天亮才回家，婚姻會出問題。

手起刀落，不小心會刀起手落。自己的手。

樂觀，會昧於事實。

前瞻，會看不到腳下的陷阱。

✓低潮了兩個星期之後，我決定不再檢視自己的傷口。

向前行。

那時林強的歌還沒出來，但已注定我將是這首歌最忠實的粉絲。

牡羊嘛。

二、黑戶佛教徒

人可以分四種。

第一種，是「無神論」。相信腳下踩的就是土地，頭頂有的就是天空，別無其他。死後也就塵歸塵，土歸土，別無去處。

第二種，是「有神論」。相信天地之外，另有其他存在。有天堂，有地獄，有無上的主宰。因而會選擇一種宗教信仰。

第三種，「非無神論」。沒有宗教信仰，但相信冥冥中有一種力量，「抬頭三尺有神明」。

第四種，「非有神論」。以上皆非，也以上皆是。最大的特徵就是有廟就求，有神就拜。

三十三歲之前，我是個「非無神論」者。不進教堂，不進寺廟。但是我相信有個「上天」。只要我正正當當地做人，會得到適當的回報。

✓一九八九年夏天，我受著多重折磨。

工作為接手不久的時報出版公司的整頓而手忙腳亂。家庭為自己的疏於照料而另有苦惱。

此外，身體的腋下和大腿根部有濕疹，久醫不癒。天熱流汗，就要在癢痛交加中抓得皮破血流，於是惡性循環。那年夏天，為隱疾所苦，經常有生不如死之感。

有天一大早進辦公室，卻因為打開抽屜，看到一位作者慧心齋主送給我，隨手扔在裡面的小冊子，人生從此改變了。

✓抽屜裡躺著的那本薄薄的小冊子，封面是黃色的，上面印著一位手持淨瓶的觀世音菩薩，旁邊寫著「大悲咒」。我信手拿了起來，在安靜無人的辦公室裡慢慢地讀了一遍。

讀完之後，腦子昏沉沉的。接著雖然上班了，但是想再讀一遍《大悲咒》的念頭越來越強。下午四點剛過不久，我就溜班回家，一個人關在臥房裡讀了起來。

一遍兩遍之後，我發現自己讀的速度不由自主地越來越快，快到無法控制自己舌頭的地步。然後，我涕泗橫流地大哭一場，聽到孩子放學回家的聲音，才好不容易停了下來。

✓最奇妙的事情發生在第二天早上。我起床梳洗，發現一件極其意外，無法理解的事。濕疹黏液與破皮血水已經形成潰爛的腋下與大腿根部，竟然成爲乾燥一片的皮膚。好比說，前一天還是洪水氾濫的狀態，第二天早上卻成了退潮之後的一片乾地。唯一可以證明這些部位確實有過問題的證據，是皮膚的顏色。原先潰爛部位現在是一片暗紫色，與周近皮膚形成強烈對比。糾纏我經年的一個痛苦不堪的隱疾，就這樣乾乾淨淨地，在隔夜之間消失了。

✓從沒見過收音機的人，一下子看到收音機可以調整頻道，聽到一些新奇的聲音，是會很驚喜的。從沒接觸過宗教，一下子體會到宗教信仰帶來一些神祕經歷的人，也是如此。

這到底是怎麼回事？

我太好奇了。

✓慧心齋主比我早些時候接觸佛教。接下來一段時間我所接觸的各種佛教相關的人、事、地、物，幾乎都是她幫我介紹的。我忙碌地尋覓。更想體會一些神祕的經驗。牡羊座都是好奇的。不是嗎？

✓我又有過幾次印象很深刻的神祕經驗。除了《大悲咒》之外，我讀的第二部佛經是《地藏菩薩本願經》（簡稱《地藏經》）。頭一次讀的那天，是農曆七月。伴著無間地獄的種種場面，我讀到地藏菩薩「將承佛威神力故，遍百千萬億世界，分是身形，救拔一切業報眾生」的表白，並向世尊做出承諾，「唯願世尊，不以後世惡業眾生爲慮。如是三白佛言：不以後世惡業眾生爲慮。」

夜半寂然的燈下，我悄聲一句句讀著：「如是三白佛言：不以後世惡業眾生爲慮」。

直可以感受到只有我一個人的屋子裡，身旁卻另有靜靜聆聽的存在。

宇宙，森然。

✓讀《地藏經》，又讓我和逝去的父母有一次接觸的機會。

有一天，一位有「神通」的人士跟我說，我應該讀《地藏經》回向給我逝去的母親。說她一直放心不下我，跟隨我多年，應該到讓她離開的時候了。

我母親是在我上初一的時候去世的。初一的年紀已經不小，可我對她去世的回憶卻一直很不清楚，很不真實。

我對她思念，要再過六年才覺醒過來。一九八九年的當時，還早。

不過，畢竟有一點是我記得的。一位去參加我母親葬禮回來的叔叔，紅著眼告訴我：我母親的棺木要釘的時候，一直釘不進去。直到爸爸跟她保證一定會好好照顧我，要她放心，釘子才釘了下去。

聽了這位人士建議我讀《地藏經》，我半信半疑地先是回了一句：那也很好啊，我也正好可以和我母親多相處。

她說，陰陽相隔，終是兩受干擾。接著她說了她看到的我母親的衣著和鞋子的特徵，不由得我不信。

我照她說的，回家去讀了七遍《地藏經》回向給我當時去世二十年的母親。

回向之後，感覺到一種淡淡的憂傷。像是在一個晴朗的清明節的早上，去掃墓的路上被一陣輕輕的風吹過的心情。

✓第二天我主動想到，那也該讀《地藏經》回向給我父親。我父親是才一年多之前過世的，不用別人指點，我都知道他和我在一起。

我去韓國奔喪，整理了一些父親的衣物帶回台灣之後，一天獨自在家裡午休。半睡半醒之間，矇矓中覺得有個人影飛快地掠進房間，才在床邊一坐，已經沒入我身。大約是一小團棉花的重量進入身體的感覺。這一下子嚇得我跳了起來，立刻奪門而出。

但是在大門剛關上的剎那，我卻直覺到那團棉花的重量，應該和我父親有關。我父親是不會害我的。所以我安慰著自己又開門進了家裡。

有一部電影叫《靈魂的重量》（21 Grams）。我沒量過一小團棉花是否二十一公克。但那就是我感受到的靈魂的重量。

因爲成長的過程裡，和我父親的心結多，又得以在他晚年重新親近，所以當時即使沒有任何宗教信仰、沒有任何神祕經驗的我，也直覺到那是父子之間的一種牽掛。這時，想到也讀《地藏經》給他。

讀完回向之後，比前晚的感受清晰多了。我可以清楚地覺察到有一個無形的、類似影子的東西，慢慢地，一寸寸地，從我身體裡橫向移動出去。

我像是在和什麼離別，又像是在掏空什麼。唯一能做的，就是不由自己地放聲痛哭。哭到聲嘶力竭，突然不知由來地反手一掌拍在自己額頭，才停止。

✓因爲有許多神祕的經驗，使我在剛開始接觸佛教的時候，花了大量精神去探索這到底是怎麼回事？爲什麼會發生這些現象？以及，我如何才能具備更大的能力來探索這些神祕現象。

✓幸好這時我認識了洪啓嵩。有一次我把自己的神祕經歷說給他聽，他提醒我，一個修行人不應該執著於神通之事。他的話，一下子把我敲醒。

✓大約同時，我讀一部佛經，看到了一段。佛陀的弟子之中，目犍連是神通第一。目犍連神通之大，看到一隻鴿子，就可以知道這隻鴿子過去一千世的由來，也可以知道這隻鴿子未來一千世的演化。大家說目犍連的神通這麼厲害，不知和佛陀的智慧如何相比。

佛陀回答說：把那隻鴿子身上的一支羽毛切成一千段。以千分之一支羽毛去沾沾海水，沾到多少就是目犍連的神通所及。而佛陀的智慧，則是那整個大海。

這個故事讓我徹底清醒過來。

學佛學佛，可不是去學那千分之一的羽毛。

很多人經常把科學沒法解釋的事情，都稱之爲「迷信」。但是長久以來，我也看到許多人越是不接受宇宙裡存在一些目前還無從探測的能量，越會因爲有人稍微展露一手和那些能量溝通的能力，就五體投地。像一個從來不相信收音機會接收無線電波的人，一旦給他聽到收音機裡當眞可以傳來一點聲音，就把那個不過是轉動了一下收音機調頻鈕的人，當成宇宙的創造者來膜拜了。

我很慶幸自己很早就有些對神祕經驗的體會。那段經歷，對我最大的好處，是從此對「神通」、「神祕經歷」等免疫。此後，不論什麼樣的大師、高手，表演多麼神奇的身手，我都不會爲之所動。每當看到人聽到、看到什麼大師指點了「前世」因果就敬若神明，我都會想到目犍連的故事。前後看得出總共兩千世因果變化的目犍連，才相當於那千分之一的羽毛，搖頭晃腦或故作神祕地談一次「前世」的人，那是兩百萬分之一的羽毛所能沾到的海水吧。

✓我決定好好地從佛經中去認識佛法。

讀了《地藏經》、《圓覺經》、《楞嚴經》、《法華經》、《大智度論》、《心經》、《金剛經》、《六祖壇經》、《小品般若波羅蜜經》等。買了放在家裡書架上的，還有許多其他的經。

東讀西讀之後，固然有些收穫，但是更多的時候，感到自己像是進了玉米園裡的那隻熊。東折西折，也不知手上到底拿到了什麼。《金剛經》讀過幾遍，雖然覺得很好，但主要是感受到文字之美。對於經義的體會，實在談不上。更多的是疑惑。譬如：怎麼可能以三千大千世界所有珍寶布施，還比不上持誦這本經的四句偈？

這時我在禪宗皈依了惟覺老和尚。決定去萬里的靈泉寺打個禪七。禪七的意思，是要在七天的時間裡剋期取證，有些突破性的領悟。我在心中給自己頭上綁了一條「必勝」的帶子，上了山。

上山之前，從我讀的佛經和一些理解中，已經體會到佛法會教我們打破一些執著，打破一些因為執著而起的分別心。

我掂量一下自己，覺得對金錢是最看得開的，所以打破對「貧富」的執著分別心，最不成問題。「貴賤」、「美醜」等等，也都還好。唯獨「善惡」，我覺得打不破。

人之爲人，異於禽獸，不就是因爲我們有羞恥心，有一些價值觀的堅持？那爲什麼要打破「善惡」？

「不思惡」倒也罷了，爲什麼也要「不思善」？

我本來挺以自己「嫉惡如仇」的個性爲傲。如果沒有了我對「善」的判斷與堅持，那這又算什麼個性？

《心經》裡說：「諸法空相，不生不滅，不垢不淨，不增不減」。我記得當時雖然沒法體會「不生不滅」、「不增不減」是怎麼回事，但起碼可以接受有這種可能。但是對於「不垢不淨」，我就沒法理解。「不垢不淨」，對我來說，類似「不善不惡」。我可以接受「不惡」，但接受不了「不善」，我也可以接受「不垢」，但實在不明白爲什麼會「不淨」。《金剛經》裡說，「應無所住而生其心」。我也不明白。爲什麼連「善」也不能住？依善而生心，不是很好的一件事嗎？

我就帶著這些疑問上了山。

打過禪七的人都知道，那七天有個過程。

前三天，通常都是找各種理由告訴自己，枯坐在這個禪堂裡多麼沒有意義，不如趕快下山，把這時間用來做些更有價值的事情。所以，都在和要不要逃離，用什麼藉口逃離之類的念頭掙扎。

熬到第四天還沒放棄，多少總會認命，開始比較「務實」地靜坐。

第五天，比較用得上工夫。

最後兩天，有些心得，鞏固或放大。

✓我也是這麼個路程。

而我第一次禪七的心得之一，是終於知道爲什麼要打破「善惡」的分別心，爲什麼連「善」也不要執著了。

✓那是在第四天。我剛剛用一萬個理由勸說自己不要浪費生命，趕快下山，又好不容易抵抗過這些誘惑之後，有一炷香坐得比較好。

我安靜地坐在那裡，看著自己的念頭此起彼落，相衍相生。

這麼說吧。第一個念頭是禪堂。由禪堂而想到食堂。食堂想到筷子。由筷子而竹子。由竹子而叢林。由叢林而原始人。由原始人而取火。由火而燈。由燈而電。由電而愛迪生。

但就在我自以爲很清楚地掌握自己念頭一路流轉到這裡的時候，天外飛來一個畫面，一群赤條條的男女跳出來，在荒淫作戲。那是多年前看過一本小說裡的場景。

我驀然嚇出一身冷汗。

如果我的念頭是從香車而想到美人，想到美人的時候跳出這些性愛場面，倒罷了。起碼你有一個線索，可以知道自己爲什麼會聯想到這裡。但是，爲什麼我在由「電」而想到「愛迪生」的那個環節上，莫名其妙地跳出一個毫無來由、無所根據的男女性愛嬉戲的場面？這根本就是八竿子打不到一起啊！

我頭一次那麼深刻地體會到自己的念頭其實是不受自己控制的。或者說，自己是不受自己控制的。

這種毫無來由、無所根據的念頭，會不會有一就有二，不斷地發生在日常生活之中？

會不會，我平日自以爲是的，許多以爲是「善」的堅持，也只是類似那些男女性愛嬉戲的場面，其實是不受自己控制，莫名其妙蹦出來的一些念頭呢？

✓也在那一會兒，我想到多年前看過一部電影《自由之路》（YOL）所留下的感觸。

《自由之路》是一個土耳其異議分子導演，在監獄裡畫好分鏡劇本，偷運出來交助手幫他拍攝的電影，後來他逃獄出來親自剪輯完成。

電影講幾個出獄的人的故事。其中一人因爲在被捕過程中涉及其妻舅之死，很不被妻子的娘家所諒解。出獄後，他去探訪投靠娘家的妻子，遭到仇視，不准他帶家人離開。但妻子違背娘家的禁令，還是帶著子女和他逃離。

這對久違的夫妻在逃亡的火車上，禁不住重逢的激動，擠到廁所裡親熱，差點被圍在廁所外面的人打死。好不容易警察把他們救了出來，訓斥他們不知羞恥，不知給孩子們做個好榜樣。接著，趁警察離開的一個空檔，娘家的人趕至，開槍殺了這對夫妻，然後把孩子帶了回去。

這部電影是一九八二年坎城影展金棕櫚獎得主。我在後來的金馬獎外片觀摩展上看的。頭一次看土耳其電影，散場後我被兩個問題堵得心口悶悶的：人家夫妻在火車廁所裡親熱，干那些乘客什麼事，惱怒成那個樣子？人家夫妻要另過日子，娘家人幹嘛非得一路追殺，寧可帶回去兩個沒了爹媽的孩子自己扶養？

這兩個悶了許久的問題，卻在那天的禪堂裡突然回到我的心頭，幫我找到了爲什麼對「善」也不能執著的答案。

✓乘客和娘家的人，都是自認爲在「替天行道」，自認爲是「正義」的化身。那是土耳其的風俗民情。然而換一個地方，換一個人來看，那些「正義」卻可能只是「粗暴」。所謂「善惡」，所謂「是非」，不過是價值觀的投射。而價值觀，是會因時、因地、因人而異的。正如我看土耳其人對「善」、「正義」的執著不以爲然，其他地方的人看我對「善」、「正義」的執著也可能不以爲然。

所謂「正義、正義，多少邪惡假汝之名而行之」，正是一心執著於「善」的人所可能造成的結果。

✓佛法裡的「不思善，不思惡」，不是要人沒有是非善惡的判斷能力，而是要我們認清「善」、「惡」都是一些價值觀。價值觀都是一些念頭。而我們對自己的念頭所能把握的其實並不多，並不大。所以，不要執著於一些事實上我們連自己都把握不大的念頭。禪七，正是透過一個封閉的空間，一段密集的七天時間，來讓人和自己的念頭對話，認識念頭，進而練習控制念頭，讓自己當念頭的主人，而不是當念頭的奴隸。

✓有了這個體悟之後，在那次禪七剩下的兩天時間裡，我就比較有了用功的方向。到第七天，終於體會到《心經》裡面爲什麼會有「諸法空相，不生不滅，不垢不淨，不增不減」這段文字。下山後，我覺得人生大不相同。對佛法的體會也大不相同。再讀《金剛經》，覺得可以上手了，最少從道理上也明白「應無所住而生其心」是怎麼回事了。

✓那個當兒，我正好拿到一本精裝的《金剛經》及其相關經文的合訂本。合訂本裡有《金剛經》，有《六祖壇經》，還有六祖的《金剛經口訣》等。

這本書有點像是一本《金剛經》的小百科，從此跟我一路到現在。這麼多年，雖然我從不回答如果要我去荒島帶唯一的一本書，會選哪一本這種問題，但在我心底，答案早已經有了。事實上，後來我把自己曾經讀過的其他佛經，都陸續打包送人或捐贈給圖書館了。只有《金剛經》的合訂本，始終伴著我。

✓打完第一次禪七之後，因爲自己已經受用很大，我想不要佔據別人親近師父的機會，所以就有意地比較少上山去。十個月後，覺得需要再充一下電，去打了第二次禪七。再一年兩個月後，打了第三次禪七。到第三次禪七打完之後，我就決心盡量少去打擾師父。

我不是出家人，也不是研究佛學的人。我是一個在社會中工作的人，有自己人生目標要探尋的人。我需要的是可以幫我在紅塵之中踽踽獨行，在探尋中不致迷失方向的指引。

我既然知道了認識自己念頭的重要性，學了看管念頭的基本方法，又在這段時間越來越領會到《金剛經》在這件事情上的根本意義，就覺得自己像是有了一枚指南針。未來發展如何不知，但是《金剛經》起碼永遠在指引一個方向：不要被自己的念頭所惑，不要被自己的念頭所制。

我愛讀武俠小說。大有學成下山，從此要自行闖蕩江湖的味道。想想

「師父領進門，修行在個人」那句話，再翻翻《六祖壇經》，裡面寫著「迷時師渡，悟了自渡」，更堅定了自己的想法。

爲了堅持「自渡」，我刻意拉長自己去見師父的時間間隔，結果從一九九三年之後，我就再也沒有回去見他了。

✓之前我也皈依了密宗的智敏、慧華師父。我從這兩位師父處也受到很大的啓發與指點。

但是從我開始要對治自己的「念頭」之後，就逐漸不去參加法會了。我知道兩位密宗師父的正見與傳授法要之可貴，但密宗弟子畢竟要自己用功，勤於修法。而我這個懶惰的弟子，只想在紅塵中以工作爲道場，和自己的念頭周旋，挪不出特定的時間修法，也就不想只是參加法會，妄圖灌頂加持，事實上只是浪費師父的時間。

✓我既然相信佛法是一條「自修自證」的路，連自己皈依的禪、密兩宗的師父都不見了，當然更不會去其他的寺院參加法會等等。不去任何寺院走動，自己當然就不會以佛教徒的身分曝光，也不會與其他眾多的佛教徒交流。

我不輕易和別人談我的信仰。更絕不在衣飾、外觀上留下任何和佛教徒產生聯想的痕跡。

我成了一個黑戶佛教徒。

三、四條繩索

✓就一個黑戶佛教徒而言，我對自己的期許就是，以紅塵中的工作爲道場。

我相信佛法不是出世之法。《金剛經》的「應無所住而生其心」，讓我覺得可以不受任何牽絆，勇往前進，有任何挫折和煩惱，像是抖抖衣袂般抖掉即可。抖不掉的時候，就如《六祖壇經》說的：「煩惱即菩提」，努力體會。體會不得，就帶著煩惱繼續前進。

可是，大約就在我發現自己是牡羊座，要開始爲新創立的大塊文化而衝刺的那個時間，我卻另外有些想法了。

✓會另有想法，首先是因爲我去了商務印書館工作。幾乎就在大塊成立的同時，台灣商務印書館的張連生副董事長想到找我去接總經理的位置，並且介紹我和劉發克董事長認識。劉先生很慷慨地和張先生討論出一個辦法，讓台灣商務加入大塊，成爲股東之一，找出我可以在兩邊兼任的立場。大塊的股東也支持我去商務工作，認爲我有辦法想出兼顧兩者之路。於是我就開始白天九點到六點在商務上班，晚上七點之後到大塊上班到半夜兩點的工作。星期天，則沉睡終日。

✓商務印書館當時是要滿一百歲的公司。大塊卻是新生的嬰兒。我白天要設法使百歲人瑞逐漸血氣充盈，晚上則要使新生兒一步步長大。兩件事情，我都體會到急不得。

加上這時候商務的張連生副董事長，一直提醒我一點。連公是催生《四庫全書》的老出版人，酒量好，以前我都稱他是「酒公」。

連公說，我過去做事跑得太快。太快了就會摔跤。摔跤之後再爬起來前進，不免會耽擱。還不如一開始就慢一點，穩穩當當地跑。

「事緩則圓啊。」他說。

✓以前做事情，如果百分之五十看不清楚，百分之五十看得清楚，那肯定是先做了再說。甚至，有時候百分之六十看不清楚，百分之七十看不清楚，我也都會先做了再說。

沒有冒險，哪來機會啊。我會說。

用「事緩則圓」來回頭檢查一下自己，還眞發現不少問題。任何事情急前一步，連帶著做起事情也只重大局，小節不拘的傾向，固然把我一路推前，開展了許多局面，但是也往往留下許多有待善後的狀況，得罪人，也埋下許多隱藏的未爆彈。

✓於是，我感受到工作不應該只是堅定前進而已。更應該深思細慮，甚至，謹小慎微。

檢討起來，我太自負於會策略思考，大局著眼，卻往往沒注意到細節決定一切，尤其是人際關係上。

我決定練習調整調整自己，任何動作，都先把細節顧慮周全。於是給橫衝亂撞的牡羊套上了一條繩索，叫作「寧緩不急」。套上「寧緩不急」的繩索之後，不要說百分之五十看得清楚，即使是百分之七十看得清楚，我也練習告訴自己：「等等看再說。」

✓過去，我喜歡梁啓超的「以今日之我勝昨日之我，以明日之我勝今日之我」，以之爲座右銘。

這時開始，我請人寫了一幅「深思」，掛在背後牆上。

接著，我又給自己套上了第二條繩索。

✓大塊成立的前一個月，有家出版集團先誕生了。

出版集團成立的起因，是有感於過去台灣出版業者的規模都太小，形不成規模經濟的效應，因此努力以發展成大集團爲目標。

這是一個在台灣很新的實驗，得到了許多響應。媒體也經常來問我，大塊何時要集團化。

我同意台灣到了應該出現大規模出版集團的時候。一如一座城市裡都是夜市小吃和小餐廳之後，應該出現富麗堂皇的觀光飯店級餐廳。

但我不同意餐廳不走觀光飯店的路，就活不下去的說法。一如城市裡有再豪華的觀光飯店級餐廳，也需要酒香不怕巷子深的小餐廳，以及各式各樣的路邊攤。

✓很多外人，尤其是大陸人來台灣，最羨慕的，就是台灣有些小出版社可以做自己想做的事情，即使一個人也可以當老闆，一年出個幾本書生存。

既然有人已經走上往大出版集團發展的路，那我要走一條不同的路，證明台灣也有小出版社繼續生存的空間與路途。

爲了不要讓牡羊忘情狂奔，於是我又給自己套上了第二條繩索。這條繩索叫作「寧小不大」。時時提醒自己，一個出版公司不刻意追求規模，仍然可以活出自己的特色。

✓伴著「寧小不大」繩索而來的，還有一條「寧公不私」的繩索。很多人說，爲公共事務做些奉獻，是行有餘力之後的事。小公司自顧不暇，談不上。但是我覺得正好相反。大公司，不缺自己拓展空間的能力，也不差市場秩序即使亂一點也可以行動的能力。但小公司不然。小公司的負責人出來多做點服務公眾的事情，不論是拓展空間，還是維持秩序，都是利人利己的。只是任何人出來做服務公眾的事情，都必須堅持「先公後私」，甚至「寧公不私」的立場，否則無以服眾。於是，我從可以工作的時間裡，拿出相當大的部份，爲出版同業工作。後來，又在出版以外的一些議題上，努力嘗試扮演「公民」的角色。

這「寧公不私」，就成了綑綁牡羊的第三條繩索。

✓在網路方興未艾之時，我卻經由網路，在虛擬世界找到了自己的另一半，有了再次婚姻。這發生在任何人身上都不是件容易的事，何況是我。

我珍惜這個機會，再三提醒自己：在前一次婚姻裡扮演過差勁的丈夫與父親之後，這次不要重蹈覆轍。

我先把晚上的應酬戒掉了（更別提飲酒作樂）。再把周末時間都撥給家庭，成了「微型人生」的相信者與實踐者。

✓「微型人生」是相對於「線型人生」而來的。

常見的「線型人生」，把人生按年齡畫成一條橫線，少年、青年、中年，各有各階段的工作與生活目標。最後以退休及老年階段的休閒，爲整個人生的完成。

「線型人生」的規劃，看來很理性。但是有其不可預測之處。你要先打拚再照顧家庭，但是等你打拚好了，家人不在了，或不理你了呢？你要先賺足了錢再周遊世界，但是賺錢傷了你的身體根本動彈不了呢？總之，人生無常。你可以有「線型人生」的規劃，但是到了某個階段，當時主客觀條件是否當眞能配合得了你希望的事情成眞，誰也說不準。

「微型人生」，則不然。人生的完成，不必以七、八十年來進行。辛勤工作、陪伴家人、自我進修、休閒旅遊、服務公眾，這許多不同的生活面貌，可以用一年，或是一季，一個月，一個星期，甚至一天時間的分配來完成。換句話說，你可以設定自己的「微型人生」是一年版，一季版，一個月版，一星期版，還是一天版（如果你設定爲七、八十年版，那當然就等同於「線型人生」了）。

「線型人生」，把人生的各個面向，按年齡的進展設定爲不同階段的重點目標，把人生整個走完，才把所有面向的目標都接觸一遍。

「微型人生」，把人生的各個面向，集中在自己設定的時間內都探索一遍。如果你過的是一年版的「微型人生」，那就每年完成一次人生。如果是一個月、一個星期甚至一天版的「微型人生」，那就每個月、每個星期、每天完成一次人生。

我原來只是在過自己的「微型人生」，但並沒有這個說法。後來有次訪問鄭松茂的時候，聽他說起同樣的主張，並且他還爲之提出了「微型人生」的名稱，以後就很同意地拿來引用了。

✓選擇「微型人生」，說容易很容易，說不容易也不容易。

對我這個本來是牡羊座個性，年齡又在四十來歲的人而言，最難的，則是要看開對事業的衝刺。

四十來歲，在「線型人生」來說，正處於要全力發展事業和財富的階段。我在這個階段，卻要改採「微型人生」的生活，克制住這些動力，實在並不容易。雖然，我已經給自己套上了三條繩索，但如果不是有第四條繩索的話，能不能套得住還眞難說。

這第四條繩索，叫作「寧待不求」。主要是由我的佛法信仰，尤其是《金剛經》所形成。

✓人如果沉著下來，會體會到一件事情，就是「禍福相倚」。「禍福相倚」不是自我安慰的藉口，而是事實。遇到再倒楣的事情，裡面一定藏著一個寶物。同樣的，得到一個再好的寶物，裡面一定埋著一個定時炸彈。

沒看到寶物，只是因爲我們還沒開始找。沒開始找，只是因爲我們還沒接受這個倒楣事情發生的事實。

沒看到定時炸彈，只是因爲太興奮與雀躍於寶物，沒有準備要掃自己的興。炸彈沒爆，只因爲時間還沒到。

✓「禍福相倚」本來是《易經》的眞諦，但是在對我閱讀並應用《金剛經》的過程中，也產生了很大的助力。

佛法中有一句話是，「眾生畏果，菩薩畏因」。學佛的人，開始就得練習不要隨便起心動念。因爲對念頭的認識與掌握不夠，起心動念往往都是業，造成對別人的傷害。

「禍福相倚」輔助性地讓我體會到不要隨便起心動念的重要。我們起心動念，無非都是爲了求自己的「福」。而既然是「禍福相倚」，那麼我們求「福」的同時，往往也就可能得「禍」。

我既然一直對看管自己的「念頭」並沒有把握，那麼讓「念頭」冒起來，去衝刺什麼事業和財富，就算眞有所得，這些事業和財富背後潛藏的問題和煩惱，可能也是我難以消化的。

佛法講一切都是因緣的產物。如果因緣成熟了，有條件和環境讓我做什麼，我當然去做。否則，在我對看管自己念頭沒有把握之前，我不想主動追求什麼。

於是，在事業和財富上，我決定採取「寧待不求」。「待」的是機緣成熟。

有了這「寧待不求」的第四條繩索，才眞正和前面三條一起四方著力，把一頭本來隨時要揚蹄奔衝的牡羊拉扯緩慢下來。

✓雖然開始的時候躁動很大，一路想要掙脫束縛的奮力不時而有，但逐漸地，我總算把牡羊的步伐控制下來，碎步顛簸而行。

我告訴自己：Life is Preparing.（生命就是在隨時準備。）只有準備好了，才能心安。我需要的機會，才會到來，或者，就會到來。

四、「十加二」年的掙扎

✓一九九六年起，我「準備」了十二年的時間。十二年間，早幾年我是比較心甘情願接受繩索的牽絆，越到後面，躁動與懷疑的時間就越多。躁動與懷疑，來自一些困惱。

✓我是個不想「重複」工作的人。不重複別人做過的事，也不重複自己成功的經驗。近幾年來，我一直在籌備些自認爲新奇的計劃，但是推展很不順利。這是否意味著此路不通，我應該回頭做自己拿手的事情，是第一個苦惱。

第二個苦惱，是出版產業的整體情況，越來越險峻。這有出版業內部的產業秩序問題，有閱讀環境的消長問題，也有社會價值觀的異變問題。身爲出版業的一份子，我與其關心自己有多少暢銷書，倒更關心整體閱讀土壤流失的問題，土壤流失了，誰都無從立足。於是我投入許多心力在公眾事務上，但是越來越焦急於自己公司也需要大力改革、推動，不知該如何公私兼顧。

過去，我自認爲善於策略思考而疏於細節之注意，所以這些年來一直練習處事如何由小見大，周全不漏。這麼做的好處，是言行處事越來越注意「分寸」；但，越注意「分寸」，越想滴水不漏，就越不敢輕易出手，大局面的策略反而就越難施展。這是第三個苦惱。

這幾個苦惱混合在一起，彼此形成循環，就越來越讓我對自己是否要繼續被四條繩索牽絆，而躁動不已，懷疑愈深。

✓回顧這段時間的日記，有很有決心的時候：

要有自律，要像動用加護病房裡所有設備那樣密切觀察自己。

有喘不過氣的時候：

我一直在練習長泳，要求自己不斷地游一千公尺，五千公尺……以可以長期支持而不休息當作自己能力的一個指標。但是，到了喘不過氣，已經到了喘不過氣的地步了…

有在黑暗中給自己打氣的時候：

信心不是陪你從黑暗走向光明，信心是陪你從一個黑暗走進另一個更深的黑暗。

有豁然開朗的時候：

今後，勿須懼怕，勿須懷疑，勿須好奇。只管安靜前行。

又有再墜入谷底的時候：

從沒想過我的人生會出現這樣的低潮……

在這起起伏伏的過程中，一直陪伴我、安定我的，就是《金剛經》。《金剛經》告訴我，一切不假外求，本自具足。因此，如果我的事業還沒到可以大跨步前進的時候，一定是我自己本身還沒準備好。

每當我自己懷疑自己是否該如此不思進取的時候，我就會用上得自《金剛經》的心得：「念起即覺，覺已不隨」，把那些念頭輕輕吹散。

念頭總是散而復始，去而復來的時候，我就默念六祖口訣裡的「前念清淨，後念清淨，名爲菩薩。念念不退，雖在塵勞，心常清淨，名摩訶薩」。

不論在會議、差旅的疲累之中，不論被挫折、恐懼的徬徨所糾纏之中，讓我很快平靜下來的，則是「一切時中，心常空寂」。

✓二〇〇六年十月，大塊成立十周年，我給自己套上絆索整整十年後，我終於開始想，是否該把繩索解開，或者說，斬斷了。

有兩個理由。

第一個，我發現自己已經年過五十。我用四條繩索牽絆自己，從四十到五十，已經過去了十年時間。

常言說：十年磨一劍。

我是十年馴一羊。

再如此持續下去，難道需要我再馴十年？如果再十年也不夠呢？

第二個，二〇〇五年底，我內人生了一場突如其來的怪病，我們兩個人都從生死關頭走了一趟回來（詳情請參閱《那一百零八天》）。

除了各方的幫助之外，我倚仗著自己的宗教信仰而渡過那個難關。大難不死之後，到了問自己一個問題的時候：接下來你人生能實踐的意義是什麼？就是持續馴羊嗎？

兩個理由，都讓我想到，是否到了應該把一條條繩索解去，或者是斬斷的時候了。我畢竟是個企業人，不是一個出家的修行者。我的修行，就在於我企業的經營。我的企業經營，固然要始終體現我的信仰價值；我的信仰價值，也應該推展我的企業經營。

過去十年，我在別人追求規模的時候，強調自我的特色。現在，到了我要把多年徘徊不前的一些計劃付諸實現，也到了拓展企業規模的時候了。

我不能再任憑企業自然成長，不能再把許多需要改革的問題積壓在那裡，自詡泰山崩於前而不驚。

馴羊也好，磨劍也罷，要起而行了。

眞正要起而行了，才發現另有問題。

十年馴羊，磨的是調整之前的習性與慣性。現在要起而行了，發現這十年又累積了新的習性與慣性。

想要解開繩索，不會解了。

接下來兩年的時間，苦惱與掙扎，只見越多，而沒見少。

五、尋找屠龍刀

✓這十多年來，我不是沒有好奇，如果我相信的不是《金剛經》，而是《聖經》的話，情況又是如何。

你只要相信上帝的引領，相信自己是祂的選民，一心爲榮耀上帝而行，就可以雖千萬人吾往矣。《金剛經》告訴我一切不假外求，只需見心明性，但是結果我卻爲了和自己瑣碎的念頭掙扎，而花上十年的時間。

✓《金剛經》讓人可以靜心、修心的作用，是連西方人都承認的。但是對一個要在紅塵中進取的企業人而言，《聖經》會不會更實際？新教徒的十一法則（賺十元捐一元）影響了西方企業人的諸多行爲。不說遠的卡內基那些人，近的比爾．蓋茨、巴菲特諸人，實現自己、創造財富之後，又能全數捐爲公益之用的胸懷，是我們四周泰半爲身後遺產繼承而苦惱的企業家，所難以望其項背的。和中國文化契入如此之深的《金剛經》，爲中國人如此愛讀之《金剛經》，難道眞的只能有助於個人的出世脫俗，卻無助於紅塵中的積極進取？

✓有一度，我想，最好的情況，是否就是倚天劍和屠龍刀各持一把呢？如果《金剛經》是讓我「念起即覺，覺已不隨」，消除雜念和妄念的倚天劍的話，是否另有一把可以幫我集中心志，積極前行的屠龍刀？

柏拉圖主張：人要思考得清楚，最好明白所有的事情。於是有段時間我相信自己不足的是對知識架構的掌握，努力閱讀古今中外的書籍，希望能找到知識的「聖杯」。又有段時間，想找到一兩個特別的人物，能以他們的人生經歷，來刺激自己的實踐動能。間於其中，也偶爾參閱一些其他宗教或非宗教對待心念的書，看看有沒有值得參考之處。

如此一路下來，這些年來讀了一些心得挺深刻的書籍。但是很有意思的是，其中大部份不但沒有發揮我想像中的「屠龍刀」作用，甚至，相反。我列個清單如下：

●《來註易經》（武陵出版社）

《易經》本身簡潔深奧，不能沒有個好的註本。我一直讀的是來知德註的《易經》。來知德的註，讓我大開眼界。

就特定事情去參閱《易經》，會找到「當行則行，當止則止」的啓發，這是讓我最受用的。然而，如前所述，《易經》中任何事情都在隨時變動，任何事情都「禍福相倚，吉凶相伴」的根本精神，基本上一直在提醒我「念起即覺，覺已不隨」，不要輕舉妄動。

● 《如何閱讀一本書》（*How to Read a Book* by Mortimer Adler and Charles van Doren，中譯本台灣商務印書館出版）

這本書讓我在四十歲的時候，知道閱讀是怎麼回事。因爲這本書，我得以展開「越界閱讀」的旅程，也寫了一本《越讀者》，補充網路時代的讀者需求。

這本書眞正開啓了我的閱讀動能。閱讀動能固然可以提供各種前進的刺激與養分，但也經常讓你體會到，人生也不過就在閱讀的當下，不需要其他強求或奢求。

●《會飲篇》（*Symposium* by Plato，中譯本收於《柏拉圖文藝對話錄》，網路與書出版）

如果說《金剛經》是指引一個人如何不斷提升自己的生命層次，那麼柏拉圖的《會飲篇》，則很實際地以愛情爲例，演示了一個人可以如何從只知男女之愛，而一路提升自己，最終昇華到「突然看到一種奇妙無比的美。他的以往一切辛苦探求都是爲著這個最終目的。這種美是永恒的，無始無終，不生不滅，不增不滅的」。

《會飲篇》不只啓發了我對希臘哲學以及其後西方哲學演化的興趣，還使我對個人和社會的閱讀及知識的進展歷程，有了七個層次的觀察和分析依據。

拿這七個層次來反省自己，就知道有多麼藐小和不足。如此藐小和不足還想進行什麼衝刺，豈不是妄想？這使得我更相信，斬斷四條繩索的時機尚未到。

●《2001：太空漫遊》（*2001: Space Odyssey* by Arthur Clarke，中譯本遠流出版）

翻譯亞瑟．克拉克的這本名著，讓我吃盡苦頭，不但屢思半途而廢，更有一度覺得不如自我了斷。這本書讓我見識到科學與神祕與宗教的互通地帶，也給了我在許多黑暗時刻自我警惕的作用。

第一章，描述原始人的結尾這麼寫著：

「就這樣，望月者硬是和同伴嚼著各種漿果、水果和樹葉，頂過飢餓的痛苦——就在他們爲了同一批食料而爭搶不已時，環繞四周的食源之豐富，卻遠超出他們的想頭。然而，千千萬萬噸多肉多汁，徜徉在大平原和灌木林裡的動物，不只超出他們能力所及，也超出他們想像所及。他們身處豐饒之中，卻逐漸飢餓至死。」

「他們身處豐饒之中，卻逐漸飢餓至死。」這句話給了我非常大的震撼與提醒。每當我爲自己事業及工作上想要前進，卻因爲覺得資源不足而灰心時，都會拿這句話來警惕自己：一定有什麼資源就近在咫尺，但我卻毫無所覺。

我既然相信《金剛經》的「不假外求」，那麼這近在咫尺的資源一定就在我內心，不在他處。所以，《2001》的啓發，反而是讓我相信《金剛經》就是那把屠龍刀。

●《民主與教育》(*Democracy and Education* by John Dewey，中譯本網路與書出版)

杜威的這本書，啓發了我對知識與教育新的了解與想像，更重要的，是讓我對「民主社會」及身爲一個「公民」的權利與義務，有了體會。杜威說：「民主並不只是一種政治形態；主要乃是一種共同生活的模式，一種協同溝通的經驗。」又說：「在社會之中做有用的人，就是讓自己從群體生活中得到的，與自己對群體的貢獻平衡。他既是一個人，一個有欲望、情緒、想法的人，他在群體中得到的與貢獻的並不是看得見的財物，而是使自覺的生活更趨寬廣深化——能夠更深刻地、更有紀律地、更開闊地實現生活的意義。」

這些話，讓我更心甘情願地以「微型人生」來實踐自己，而不是追求事業與財富的衝刺。所以，似乎也不需要另有屠龍刀來斬斷那四條繩索了。

●《羅素自傳》（*Autobiography* by Bertrand Russell，中譯本北京商務印書

館出版）

在知識與人生實踐的路上，羅素是我的偶像。羅素在他自傳的前言裡說：

「支配我一生的，是三種單純而熾熱的激情：對愛情的渴望，對知識的追求，以及對人類苦難難以言詮的同情。這些激情，一如陣陣巨風，吹拂在我動盪不定的生涯中，有時甚至吹過深沉痛苦的海洋，直抵絕望的邊緣。」

羅素永遠不畏風暴，慷慨前進的身影，最接近一隻牡羊的理想目標。但對我而言，鼓勵作用比較大，參考作用比較小。

羅素肯定有一把屠龍刀，但是這把刀充滿「熾熱的激情」。在我遇見《金剛經》之前，我可能很樂意學習使用，在我相信《金剛經》之後，「激情」不是我想，或我能憑藉的。

●《我的知識之路：約翰·彌爾自傳》（*Autobiography* by John Mill，中譯本網路與書出版）

這本書大致分兩部份主要內容。第一部份談彌爾三歲學希臘文、十三歲讀完政治經濟學的全部課程、十五歲之後寫作重於讀書的神奇的知識之路。五色炫目，令人心馳神移。

第二部份則談他對知識的這種極致的追求，所導致的偏頗及險境，以及他如何化解。

彌爾給我最大的幫助有兩點。

第一，是提醒我：「分析的習慣對深謀遠慮和洞察力是有利的，但對熱情和德行來說卻永久是根部的蛀蟲；更重要的是，分析的習慣可怕地破壞由聯想引起的所有希望和所有喜悅。」這給了我什麼事情要起而行的提醒。

第二，是身爲一個公民，在公眾服務上應有的自覺：「在實踐中找到辦法，把政策以最容易被接受的方式，深入在習慣上對此沒有準備的人們的心；同時工作使我眞正懂得使眾人感動的困難，懂得妥協的必要和犧牲次要以保全大局的藝術。我學會了在不能得到全部時，怎樣得到我能得到的最重要的東西；在我的主張不能全部貫徹時，怎樣得到我能得到的最重要的東西；在我的主張不能全部貫徹時我能不氣憤，不沮喪；能貫徹一小部份時，我會從中感到喜悅和鼓勵；在連這一點也做不到時，我能完全心平氣和地忍受自己的主張全盤被否決。」

這第二點，讓我覺得身爲一個公民，在公眾服務的心態和處理上如果多做練習，還別有收穫與樂趣。這就對我想全力衝刺自己事業的這件事，不但沒有推動力，還產生了收斂。

● 《探索奇蹟》（*In Search of the Miraculous* by P. D. Ouspensky,中譯本方智出版）

這是一本記錄葛吉夫（G.I. Gurdjieff）這個人的書。葛吉夫是大約一百年前，傳說是來自中亞某處的人。他顯然是有宗教信仰的背景，但他的言說和傳授，不涉特定宗教。我自己因爲視工作爲人生道場，而寫過一本《工作DNA》，看《探索奇蹟》，才知道葛吉夫不但把工作視爲人生道場，並且把這條路途名之爲「第四道」。

葛吉夫對我最大的啓發，有兩段話：

一，「罪惡只對那些上道或近道的人存在。罪惡就是那些使人停頓的，幫著他欺騙自己，自認爲正在工作，其實只是蒙頭大睡的事情。罪惡使人在決定要清醒時哄他入睡。而什麼使人睡覺?就是任何非必要、非不可或缺的一切事情。」

二,「一個人永遠不能犧牲一切……但是他必須清楚界定他願意犧牲什麼,其後不得討價還價。」

這兩段話,讓我體會到不能什麼事都是「寧小不大」,不能總是事事講求周全,顧了小節卻錯過大局。但是,第二段話,卻又讓我想到:固然要清楚界定願意犧牲什麼,但也要清楚界定絕不犧牲什麼。

我很清楚自己絕不能犧牲的是對《金剛經》的信仰。既然如此,如果我自己覺得還沒準備好的話,也就不必另求屠龍刀了。

●《千手千眼無礙大悲心陀羅尼經》

這一部經,又名《大悲咒》,是我最早讀的佛經,也是我讀《金剛經》，不再接觸其他佛經之後，近十幾年來唯一重讀的佛經。會重讀這部經，是因爲二〇〇五年我家人重病的那場經歷。

在那之前的很長時間，我越來越偏向於把《金剛經》只當作一種生活哲學與工作思想的指引。但是家人的一場重病及奇特的經過，讓我有機會重讀《大悲咒》，並且和《金剛經口訣》交互而用，使起伏不定的心念不致潰亂，並有可用。

有時候，對於心念這張畫布，「念起即覺，覺之即無」的口訣，像是一把刷子。當我因恐懼而動搖或飛散的時候，藉著這把刷子，把畫布重新刷平。《大悲咒》，則像一支畫筆，在刷平的畫布上，再一筆筆畫出我對觀世音菩薩的呼喚與祈願。

又有時候，在慌亂失措中，〈大悲咒〉像是一支錐子，先幫我集中心念，突破恐懼，然後，「念起即覺，覺之即無」的口訣再像一個掃把，把紛亂的雜念一一收拾。

《大悲咒》讓我面對任何恐懼，都不再卻步。但是，要用來當我事業和工作上的屠龍刀？我還不知道如何使用。

● 《談談方法》(*Discours de la Methode* by René Descartes，中譯本網路與書出版)

笛卡兒的《談談方法》，幾乎可以說是我想找的那把屠龍刀了。

笛卡兒的「我思故我在」，是大家耳熟能詳的。但這裡的「思」，也是很受誤解與誤用的。笛卡兒說的「思」，其實是「懷疑」。他的「談談方法」，其實也就是談談怎麼對自己不明白的事情抱持懷疑，如何由懷疑而建立自己對事物認知以及了解的方法與過程。最後，還有一些伴隨的行為準則。

笛卡兒的四個方法是：

第一條是：凡是我沒有明確地認識到的東西，我決不把它當成眞的接受。

第二條是：把我所審查的每一個難題按照可能和必要的程度分成若干部份，以便一一妥爲解決。（編註：英文譯本中則強調切分的「部份」越多越好。）

第三條是：按次序進行我的思考，從最簡單、最容易認識的對象開始，一點一點逐步上升，直到認識最複雜的對象；就連那些本來沒有先後關係的東西，也給它們設定一個次序。

最後一條是：在任何情況之下，都要盡量全面地考察，盡量普遍地複查，做到確信毫無遺漏。

由於這是一條從懷疑到認知到明白的過程，很顛覆，也可能很漫長，所以笛卡兒又給自己定了一套臨時的行爲規範：

一、遵從這個社會及法律的規定。在所有的意見中，採取最遠離極端，最中道之見，來約束自己。

二、在不明白自己的選擇是否正確時，要跟從或然率。看不出或然率大小比較的時候，還是要做一抉擇。一旦抉擇，就不再以爲它們可疑，而相信那是最可靠、最正確的看法，果斷堅決，不再猶豫，反覆無常。就像密林中迷路的人，總要前行，不能停留在原地。

三、永遠只求克服自己，而不求克服命運。只求改變自己的願望，而不求改變世間的秩序。要始終相信一點，除了我們自己的思想，沒有一樣事情我們可以自主。盡自己最大的努力去改善。改善不了的，就是不可能的。不可能的事，就不要去癡心妄想。這樣也就可以安分守己，心滿意足。

笛卡兒讓我見識到西方文化裡的「理性」，和中國文化裡「不可說」徹底對比的那種基礎。《談談方法》系統性地、架構性地，一次彌補我個性及經歷中欠缺很大的一塊，讀完之後，欣喜若狂。

然而，《談談方法》仍然沒有成爲我斬斷四條繩索的屠龍刀。因爲兩個理由：

第一，笛卡兒說：「永遠只求克服自己，而不求克服命運。只求改變自己的願望，而不求改變世間的秩序。要始終相信一點，除了我們自己的思想，沒有一樣事情我們可以自主……」這根本就在呼應《金剛經》的「不假外求」。

第二，笛卡兒說，「在不明白自己的選擇是否正確時，要跟從或然率。看不出或然率大小比較的時候，還是要做一抉擇。一旦抉擇，就不再以爲它們可疑……」但是在這段話裡，「看不出或然率大小比較的時候，還是要做一抉擇」，到底要如何抉擇，笛卡兒卻沒多做解釋。而這總不會是個丟銅板的事情。

我相信這正是超脫理性與感性的《金剛經》所可以著力之處。總之，《談談方法》，從根本上鞏固了我對《金剛經》的珍惜。

● 《給未來者言》（*Unto This Last* by John Ruskin）

約翰．羅斯金的《給未來者言》，是啓發了甘地後來改變人生，從事不抵抗運動的一本書。甘地因爲重視這本書，將此書濃縮改寫爲印度文，之後，再由印度文翻譯回來，是爲《萬福之書》（*Sarvodaya: A Paraphrase of Unto this Last*）。

我有幸在二〇〇七年讀到了這本書。

長期以來，我固然知道企業經營者的天職就是要營利，但是一直相信必須要堅守自己的一些原則來營利。從創立大塊及相關企業的十多年來，我一直把自己信守的原則，和同事一起堅持。過去，堅持一些原則，代價往往是失去一些賺錢和發展的機會，這我從不心動。但是環境的變化，越來越讓我感受到，今後如果繼續堅持一些原則，代價將涉及你是否能在這個環境裡繼續生存了。

我選擇堅持。我倚爲左右手的幾位同事，雖然也支持，但是我可以看出他們心底的疑問。不只他們有疑問，連我自己也有疑問：企業經營者，不就是個商人嗎？商人有什麼原則好堅持到即使影響到企業的生存，也必須堅持下去？會不會太食古不化？太偏執？

我的疑問，在《給未來者言》中找到解答。

這本書中有一段文字討論商業與商人的本質。羅斯金認為，雖然商業的發展，使大家認為商人的本質就是要為自己打算的(selfish)，並且為了追求利潤，無商不奸（cheat）也是可接受的，但他認為這是必須揚棄的想法。

他認為，一如戰士為了保衛國土，牧師為了教導人民，醫師為了治療病患，律師為了伸張正義，而有必須以身相殉的目的和決心，商人也是。市場也像佈道壇一樣，需要它的殉道者。「實際上，不知道什麼時候應該死去的人，不懂得怎樣活著。」

但，商人要以身相殉的目的是什麼呢？

羅斯金認為有兩點：第一，身為商人，他供應的商品與服務的「完善與純淨」（the perfectness and purity）；第二，身爲商人，需要和上中下游這麼多環節的人相互交易、工作，他不能只爲一己之利著想，而必須透過產品的製造，貨品的交易，而「有益」（beneficial）於所有參與的人。從這「有益」的角度出發，羅斯金提出一個商人種種該有的作爲與堅持。

在一個寒冷的冬天裡讀到《給未來者言》，淚水盈眶。我知道自己在現實世界裡許多近乎愚騃的堅持，是有人在呼應的。

然而，《給未來者言》仍然不是我的屠龍刀。因爲這本書反而給了我「不假外求」的信念和動力。

●《潛意識的力量》（*The Power of Subconscious Mind* by Joseph Murphy）

這本書的作者約瑟夫・摩菲是一位牧師，但是他對各門宗教都開放心胸地研究，並且對《易經》和神通等超意識能力也都下過很深的工夫，因此寫成的《潛意識的力量》超越宗教的界限。

約瑟夫．摩菲的理論是：每個人都有「表面意識」與「潛意識」兩種意識，如果能善用這兩種意識相互的作用和力量，就可以心想事成。

他舉這麼一個例子，說「表面意識」像是一輛車的主人，「潛意識」則像是一個司機，可以駕駛車子到任何你想去的目的地。「心想」，就是我們表面意識想的事情，也就是你告訴司機要去的地方；「事成」，則是我們的潛意識開始日夜二十四小時沒有任何休息地趕路，把你載到想去的地方。

你一定會問：那爲什麼我經常「心想」很多事情，但是卻沒看到「事成」呢？

照約瑟夫．摩菲的回答，這是因爲你可能犯了三個錯誤：

第一，你告訴司機要去什麼地方，說得越清楚越好。譬如你想發財，你不能只是想「發財」而已。這就好像你不能告訴司機你要去忠孝東路。你得告訴他你要去忠孝東路幾段幾號，他才能準確地送你到要去的地方。否則，車子往往只是在忠孝東路一段到六段上來回晃蕩而已。

第二，你告訴司機地點之後，不能再三改變要去的目的地。很多人「心想」了一件事情之後，還會想很多事實上與之矛盾的事情。這就好像告訴司機要去忠孝東路之後，又告訴他要去淡水，要去新店，讓他疲於奔命。

第三，你可能不夠相信司機。司機本來有自己的路可以到忠孝東路你要去的地方。你信任潛意識，他就要載你過去。但是坐在後座的表面意識，往往過了一會兒，自覺得離忠孝東路越來越遠，會不斷地急切地下指令，甚至自己搶到前座來開車，根本不給司機，也就是潛意識開車的機會。

這個例子給我最大的提醒是：不要隨便亂指揮司機的重要。「念起即覺，覺已不隨」，是從道理上提醒你不該怎麼做，以及起了念頭就趕快打消的方法。而約瑟夫．摩菲則以說故事的方式，解釋了爲什麼要打消這個念頭，以及這個念頭如果不趕快消除的話，會產生什麼問題。畢竟，「不生不滅」的心，才有累積能量的效果。

可這本書仍然有所不足。想要亂指揮司機的時候，到底怎麼打消那個念頭；以及如果長時間看不到司機把你載到目的地的時候，你怎樣不致慌亂，都是這本書所沒有提到的。

而這正是我依恃《金剛經》之處。所以，這本書也不是我的屠龍刀。

✓我就在這些閱讀和探索中，一直在要不要解開四條繩索，如何解開之間前後擺盪，左支右絀。

但是在和自己反覆對話、辯證的過程中，我還是得益於這許多心得，雖然很緩慢，但是逐漸地解開了一些繩索。

其中，最先解開的，是「寧小不大」這一條。我爲大塊及網路與書畫好了新的開展及改革計劃。

「寧公不私」的繩索也開了。我想通了固然無公就無私，但是無私也無公。如果我把自己的公司經營得更成功，同樣可以有更大的心力爲公眾事務而貢獻。

順理成章地，接下來「寧緩不急」的繩索也解開了。既然要開始行動，有些腳步總要加快了。

到了二〇〇八年中，我終於切斷三條繩索的糾葛，要行動了。

✓台灣的文化產業有個很特別的現象。儘管這個島上其他的產業，從電腦到積體電路，從腳踏車到汽車零件，從耶誕燈泡到文具禮品，都有勇於拎著手提箱開拓國際市場的實踐者，但是整個文化產業（如果有的話），除了極少數的例子，卻不是如此。

從正面來說，是台灣的文化市場相當肥沃又有規模，所以吸引海外其他地方的人願意來進取。從負面來說，是台灣的文化市場肥美到人人可以分食一塊，所以不必多花精神外出覓食。出版業，尤其是其中的代表。

牡羊既然要重新出發，我想要走一條過去沒有人走的路。

我要建一個跨越台北、北京、紐約（或歐洲另一個都市）的伸展台。

這年八月底，北京奧運結束的第二天，我邁開走出台灣的第一步：每個月去北京住兩到三個星期。

我是一九八九年第一次去中國大陸的。算一下至今已經二十年了。這二十年的時間裡，中國大陸幾乎開放了所有行業，歡迎外資進入。但出版是屬於少數一直沒有開放的。

雖然沒有開放，但是對一個出版業者來說，中國大陸的市場，是一個不能忽略的地方，所以我一直在做準備工作，就是希望能對大陸市場多一些觀察，以及親身體會的了解。

這二十年間，我以各種去大陸的頻率，來進行這個準備：早期大約每兩三個月去一次，後來試過一個月去一次，又試過每半年去一次。

分析下來，一個月去一次的頻率，最頭昏腦脹。時間間隔太短，看不出什麼變化，更加如墜五里霧中。每半年去一次，事情變化的脈絡可以看得最清楚，但是已經事過境遷。兩三個月去一次，不湯不水。

去了二十年，主要去北京一地，都一直如此不著邊際，必須另想辦法。於是決定仍然每月去一次，但每次不再是像過去那樣只住個三五天，而是住上至少兩個星期。

我決定用這個方式，先觀察大陸一年。並且用這段時間，準備在紐約或歐洲某個城市佈局。

✓在出版業工作了三十年之後，我帶著一切歸零的心情，踏上了第一站北京的旅程。

給朋友的信中，我這麼寫著：

很像我十八歲剛從韓國來到台北的那天晚上。

出了松山機場，外面天色黑暗，下著細雨。

一切都未知，未知裡有深沉的黑暗，又充滿著各種可能……

✓這一步雖然邁出去了。但是，仍然有很多猶豫，以及不安。原因是，第四條繩索，並沒有解開。

我總不免檢查自己，會不會我這些想法和行動，都是些妄想紛飛的念頭？大陸市場不開，我是否還是該小心顧好台灣市場？建一個國際伸展台，是否不是一個台灣出版業者應該想的事，做的事？是否，我應該繼續默念「念起即覺，覺已不隨」，把這些念頭吹開，不要隨之起舞？「寧待不求」，是否仍然是我應該遵守的原則？

因此，即使其他繩索都解開了，但是在沒有找到那把屠龍刀之前，我解不開最後一條「寧待不求」繩索的牽絆。

雖然我跨出了走出台灣的第一步，我仍然不時會爲第二步要不要跨出，如何跨出，何時跨出，而猶豫不前。

直到二〇〇八年十二月七日。

六、答案

十二月七日，我從北京回到台北。參加完《海角七號》電影書的發佈會，去和洪啓嵩會面。

我們有段時間沒見。討論了他新近出版的著作《送你一首渡河的歌》之後，我把這麼長時間找尋屠龍刀而不可得的苦惱，以及雖然跨出去了一步，但接下來的猶豫跟他說了。

洪啓嵩說：「屠龍刀就在《金剛經》裡啊。佛法的六波羅蜜中，不是有一個精進波羅蜜嗎？」

我從一開始接觸佛法就認識了洪啓嵩。他總會在關鍵時刻給我些關鍵的提撥。這次也是。

✓我幾乎放聲大笑起來。

開始讀佛經的時候，當然就知道六波羅蜜。六波羅蜜是：「布施波羅蜜」、「持戒波羅蜜」、「忍辱波羅蜜」、「禪定波羅蜜」、「精進波羅蜜」、「般若波羅蜜」。

但是最早我只對「禪定波羅蜜」、「精進波羅蜜」有關注的興趣。覺得那是紅塵中的修行者最需要的兩樣。

近十年來，我花最多的精神在念頭的掌握上，可以說是對「般若波羅蜜」的關注最大。十年關注下來，我都忘了「精進波羅蜜」這回事了。

那個剎那，我突然領會到，「前念清淨，後念清淨，名爲菩薩。念念不退，雖在塵勞，心常清淨，名摩訶薩」這些口訣，固然是幫我打消妄想的利器，也應該是幫我勇猛直前，不生動搖，不生懷疑的利器啊。

倚天屠龍，原來一體！

六波羅蜜本來就沒有孰先孰後，孰重孰輕之分，而必須六者並行。我讀《金剛經》二十年，前十年只顧得挑「精進波羅蜜」特別注意，用來衝刺事業，後十年又因爲想要拴住牡羊，結果把「精進波羅蜜」忘了個一乾二淨。現在猛然回頭，才發現一切果眞是本自具足。

「精進波羅蜜」，是不會什麼事都要我「寧待不求」的。

我的第四條繩索消失了。斷在地上，但原來隨時可能重新上身的其他三條繩索，也徹底不見了。

我終於恢復了牡羊的自由之身。

✓有個朋友聽我敘述這個經過的時候，難以置信地問我：「你怎麼可能把『精進波羅蜜』忘得如此一乾二淨呢？」

我也回答不出來。但就是如此。唯一能說的，是我那幾條繩索綁得太成功了。或者說，是我自己想要尋找屠龍刀的意願太強了，結果提燈找燈，總不見燈。

這一驀然回首，我再翻閱前面十來年的日記，才發現不應該忘記卻忘了的東西還眞不少。

有次我和蔡志忠聊天，他說了下面這段話我很有所感，記了下來：

恐龍要在大土地上生存。在小土地上，別的動物都被牠吃掉了，生長不起來。在大土地上，才有其他動物生存的機會。有很混的，有很突出的。

蔡志忠說，所以他一定要不斷地給自己擴大地盤。

去年我決定走出台灣，把台灣公司交給和我工作多年的同事，開始的時候是因爲放心，但是幾個月下來，已經在放心之外覺得非常自傲。他們不只因爲和我長期工作，而知道我所相信的理念與價值，更重要的是，我看到他們因爲我不在身邊了，已經在跳躍性的成長，開始創造出另一番不同的局面，充滿活力與想像。

我雖然不是恐龍，也是隻肥胖、體積過大的牡羊。早應該走出我熟悉的區域。於人於己都有利。

蔡志忠跟我分享的心得，記在那裡卻一直忘記。

✓我又看到二〇〇三年的日記。

那年台北書展，我幫當時的基金會邀了幾位英美出版人來，其中有一人是彼得．梅爾（Peter Mayer）。彼得當過企鵝集團的總裁，是英美出版世界裡的領軍人物。我在九〇年代初去美國，聽過他一次演講，談他如何出版《魔鬼詩篇》，及其後的故事，很爲之傾服。二〇〇三年請他來台北之前，我們兩人因爲同時擔任過法蘭克福書展的顧問，所以有過幾面之緣。他看到你永遠帶著微微的笑，微微點一下頭，但又和你有著距離，是一個又威風又有派頭又迷人的人。在出版世界裡，是我心嚮往之的一個目標。

他來台北的時候，已經從企鵝集團退休，回頭經營他父親留下來的一個三十多年的出版社Overlook。公司雖小，他的活動力依然驚人，創意不斷，深受各方注目。

我和他眞正有了交往，是他在台北那幾天。送他走的那天，他和我握過手之後，摸摸我的頭。摸人家的頭，雖然他大我十來歲，還是很突兀的事。尤其是對西方人而言。

然後他說：Don't limit yourself.（不要侷限你自己。）接著，又接了一句：

Your office should be in New York, in London. Come to compete with me in New York.（你的辦公室應該設在紐約、倫敦。來紐約和我較量較量吧。）對一個以他爲目標的人來說，那眞是最大的恭維了。我記在日記裡，欣慰、感動，又自豪。

彼得．梅爾的話，讓我很想當時就出發，但是因爲有繩索的牽絆，我覺得還是多準備好一些再說。接下來，由於台北國際書展需要一個常設的民間機構來承辦，我忙碌於籌備台北書展基金會。然後，自己家人生病。然後，台灣出版市場本身又有那麼多課題待解決。然後，這一路又那麼忙於尋找屠龍刀……

所以直到二〇〇九年一月，我重新翻閱日記之前，都忘了彼得．梅爾對我的這個邀請。

去年決定走出台灣時，除了北京，另一個據點我一直想的是「紐約，或歐洲另一個城市」。等我把這本書寫到這裡，重新看到彼得・梅爾跟我說的話，我才確定，另一個據點，就是紐約了。我會寫信去跟他道謝。並跟他說，我接受邀請了。

✓最最好笑的是，到我把書寫到這裡之前的兩天，我才發現，其實，我把《金剛經》給忘了好久。

近年來，我讀《金剛經》的時候，主要讀六祖的口訣，並且把一些口訣整理成句子，隨時可爲我默誦使用。「念起即覺，覺已不隨」，就是其中最常用的。《金剛經》本身，則比較少讀。

但是在寫這本書的過程中，我再讀《金剛經》，卻突然看到《金剛經》的開頭第二章，我這幾年竟然遺漏了一句話。

時，長老須菩提，在大眾中，即從座起，偏袒右肩，右膝著地，合掌恭敬，而白佛言：

「希有世尊！如來善護念諸菩薩，善付囑諸菩薩。世尊！善男子、善女人，發阿耨多羅三藐三菩提心，應云何住？云何降伏其心？」

這麼多年來，我爲了馴伏那隻莽動的牡羊，一直關注於「云何降伏其心」。「念起即覺，覺已不隨」就是反覆用來「降伏其心」。等我要行動了，覺得少了一把屠龍刀而到處尋覓的時候，卻徹底忘了在「云何降伏其心？」之前，還有一句：「應云何住？」

《金剛經》的「云何降伏其心？」是教我們使用倚天劍，「應云何住？」就是教我們使用屠龍刀。

「應云何住？」就是問，應該如何生其心。而答案，早在「應無所住而生其心」之中，就有了。

我光顧著用倚天劍的口訣，卻忘了《金剛經》換個口訣就是屠龍刀。

果然，讀再好的註，也不能忘記讀原書；有再好的提要，也不能忘記讀原書。

✓儘管如此，回首這一段路，我相信時間並沒有白花。

我體會到眞正要節制牡羊的衝動，不在澆熄他的熱情，而是去除他的「儌倖」之心。

眞正要讓牡羊起步，不在給他多少刺激，而是讓他體會到，「寧待不求」招數用老了，會成爲「空待不求」。

因此，一個獲得自由的牡羊，應該是宜緩宜急，宜大宜小，宜公宜私，宜待宜求。這也許不是他一時能做到的，但會是他努力的目標。

何況，在尋找屠龍刀的過程裡，他已經找到了許多接下來可以交叉使用的工具。

我很高興在二〇〇八年的十二月，全世界爲金融海嘯而肅殺彌漫之際，我自己有了一個告別，和一個開始。

畢竟，是《金剛經》告訴我可以重新出發，以及如何出發了。

七、爲什麼提前十年寫這本書

✓從某個角度而言，這本書是應該十年後才寫的。因爲所有我這些摸索與掙扎，才解脫剛超過一個月多一點的時間。以一隻重獲自在的牡羊而言，他接下去如何依據自己的心得前行，一路遭遇到什麼險阻，看到什麼風光，再記錄十年，會更完整些。

所以即使到動筆快要寫成初稿的前夕，我都幾度想要放棄。

然而我還是決定提前十年，現在就寫出來。

理由有幾個。

✓首先，是我渴望把自己知道的《金剛經》的美好，說出來。

我一直相信，書不在擁有多少，或讀了多少，而在能否遇到一本書，讀了之後，你的人生從此不再如同過往。

我很幸運地在二十年前遇見《金剛經》，有了接下來人生一路而來的依據，又很幸運地在二十年之後，發現這本書重新煥發的光輝，以及對我的啓示。

「是經義不可思議，果報亦不可思議。」

我想大聲地說出來。

✓每個人都應該站在別人的肩膀上前進。對一個上班族而言，這句話可能另有所指。然而在閱讀及生命的實踐上，這是好話。人之異於其他動物，本來就在於透過彼此的分享，可以使前後代之間、同代人之間的心得與體會，可以互相分享。一方面借助他人的分享，節省自己苦思不得其出的時間；另一方面自己有所得，也把肩膀借給別人使用。

所有眞心寫作的書，都想提供這個作用。

拋開宗教信仰不談，《金剛經》也正是如此一本書。只是更純粹，更究竟。

我想盡快跟大家分享，這二十年來，我如何深受這本書之影響、啓發與引領。十年後寫這本書，可以使內容更豐富；但現在就寫這本書，可以使需要的人及早有所參考，哪怕只爲一個人。

沒有讀過《金剛經》的人，可以有個機會接觸。像我一樣在黑暗中顚簸徘徊的人，可以彼此找到呼應，知道自己並不孤獨。

✓全世界的人，都過了風雨飄搖的二〇〇八年。二〇〇九，很多人也覺得陰晦更甚。

其實，全世界都在嘆息的那逝去的時代，並沒那麼好。眞好的話，不會包藏了引爆今天這麼多嚴重問題的禍根。過去多麼的「好」，既然是錯覺，今天多麼的「壞」，也可能是錯覺。

我翻閱日記，看二〇〇〇年十月三十日，大塊生日的那一天。那時，網路帶動的「知識經濟」喊了一陣之後，泡沫破滅。我寫了這麼一段：

我們眞該高興處在這麼一個變動的時代，所有的秩序都在重新分配。經濟低迷，所以使得原來只靠甜言蜜語，虛晃兩招就可以搞到錢的企業現出原形。扎實工作的人，更能顯出本領。

財富重分配，可以使我們和有錢人的差距沒那麼明顯。政治人物無品無行，可以使我們的理念更加清楚，甚至鮮明。

這樣想著，突然眞爲自己慶幸。

一切的難題都不是難題。

沒有「無常」，一些虛假的面具不會脫落；因為「無常」，未來才有更多美好的可能。

✓當然，在一個前途不明朗的時代，我們每個人都要謹慎、節制。但如果只有謹慎、節制，而沒有開拓、前行，那只是自陷困境。而《金剛經》告訴我們，每個人都有能力不被任何表相上的問題所困，每個人都有能力不斷提升自己的生命層次。

✓最後，也是對自己個人的立此存證。

雖然現在的頭髮已經花白，出門已經有人稱呼「老先生」，但是我覺得自己的內心，還是那個十八歲剛來台灣的少年。

我的人生，正要開始。

我自己要修正的毛病和習慣，還實在太多。

現在寫這本書，可以在十年之後回頭再看自己走過的路的時候，有些不容自己迴避的檢驗。

所以，這份《金剛經》筆記，是寫給大家的，也是寫給我自己的。

八、有關金剛經的十二個問題

●什麼是《金剛經》？

說佛法超越宗教，甚至有人說不是宗教，其指標之一，正在於這部《金剛經》。

其他的佛經，多是有關諸佛菩薩，說明祂們的功德、事蹟，以及對祂們如何祈請的經。但《金剛經》不是。《金剛經》和外在的諸佛菩薩無關，而是和每一個人的「心」有關。

《金剛經》所有的祕密，都在開頭、結尾和中間的三句話裡面。

開頭的一句「善男子、善女人，發阿耨多羅三藐三菩提心，應云何住？

云何降伏其心？」已經開宗明義地說明這部經是教我們「如何生其心」、「如何降伏其心」。

這裡的「心」，換句白話文來說，也就是「念頭」。《金剛經》是一部談如何管理「念頭」的書。

爲什麼「生其心」、「降伏其心」的課題這麼重要？如何管理「念頭」的課題這麼重要？因爲這樣你才能體認到什麼是「阿耨多羅三藐三菩提」，也就是「無所從來，亦無所去」，不可說的「實相」。

佛陀說了整整一部《金剛經》之後，在結尾處以四句話做了總結，提醒我們：如果不解決「心」的問題，而想要做任何外求、任何對福德的企求、任何自許爲菩薩的功德，都只是「一切有爲法，如夢幻泡影，如露亦如電，應作如是觀」。

那麼，到底「應云何住（如何生其心）」？「云何降伏其心？」其實這兩個問題是同一個問題的兩面，答案都是「應無所住而生其心」。

由我自己這十多年來走的冤枉路來看，我把這兩個問題拆分開來看，又太過集中精神用繩索來綑綁牡羊，在「降伏其心」這個問題上，花了太多心思，所以一旦遇上「如何生其心」的課題時，根本就忘了「應無所住而生其心」，根本忘了太過於想要「降伏」自己的心，也是「有住」，有違「應無所住而生其心」。

總之，整部《金剛經》的其他文字，都是在解釋如何「應無所住而生其心」。

《金剛經》是一部教我們如何面對自己的「心」，而不是企求任何外在，包括諸佛菩薩的經。

●什麼人需要讀《金剛經》？

感覺到自己爲「念頭」的干擾而苦的人。

感覺到自己善於使用「念頭」的人。

對「念頭」沒有感覺，但感到好奇的人。

●爲什麼要讀《金剛經》？

一天二十四小時裡，外界的人、事、物無時無刻不排山倒海般地湧來，也無時無刻不刺激我們的念頭、干擾我們的念頭、反覆我們的念頭，使我們疲於奔命，連睡眠中也難以得息。

根據《金剛經》來生活、工作之後，最大的收穫，就是和自己的念頭，也就是意識對話。可以體會爲什麼佛法中所說的「覺性」、「悟性」，就是覺察自己的念頭，並且不爲這些念頭所生的煩惱所困的道理與方法。這樣，我們才知道如何和自己的「念頭」相處，當「念頭」的主人，而不是當「念頭」的奴隸，進而體會到人爲什麼可以永遠不受任何限制、干擾所困，永遠有提升自己生命層次，有益自己，也有益於他人的能力。

而這個過程，是不可思議的。

●怎麼讀《金剛經》？

從某個角度說，《金剛經》像是一首詩。對於詩，我們最重要的是「體會」。我們不見得需要理解一首詩的每一個字，但是需要「體會」到那首詩的意義，與美。

但《金剛經》和詩不同的地方，在於詩只要有所體會，會背誦就好，但

《金剛經》，則必須在體會、持誦之後，更要有所實踐。光是體會到念頭是怎麼回事是不足的，必須實際拿來在日常生活與工作中，毫不間斷地應用、練習。

實踐的重要，是六祖慧能大師在《六祖壇經》和《金剛經口訣》中一再強調，提醒我們的。如：

「空解不行，有名無體。解義修行，名體具備。」

又如：

「口說心行，即自法身有波羅蜜。口說心不行，即無波羅蜜也。」

又如：

「但能誦說，心不依行，自心則無經。實見實行，自心則有經。」

讀《金剛經》，有一句兩句的體會，就拿來在日常生活與工作中應用、練習，然後再回頭去和《金剛經》印證，再多一兩句的體會，再拿來在日常生活與工作中應用、練習，然後再回頭去和《金剛經》印證。這是我自己讀《金剛經》的路。

●讀不懂怎麼辦？

很多人聽到《金剛經》，不是因其名號之高深難測就卻步，就是讀了卻因爲內容的難以理解而無法繼續。

我自己的經驗，一如這本書所說，也是從不知所云開始讀的。經文的每一個字你都認識，但是內容到底想要傳達什麼，卻難以把握。如前所述，《金剛經》最重要的是「口誦」之外，還要「心行」。所以，不必貪心，不必急於求全部內容都要「理解」。對於《金剛經》的理解，很大一塊（在我而言，主要一塊）是來自於實踐的。

讀《金剛經》，就是千萬不要因爲讀到無法理解之處就停止、放棄。一定要先完整地讀完一遍。讀完一遍（或幾遍）之後，就算大部份的仍然看不懂，總會有那麼一兩句話是上心的，就先拿那一兩句話去實踐、練習就是。

以我的例子，剛開始看不懂「應無所住而生其心」。到底什麼是「應無所住而生其心」？但是我可以體會「過去心不可得，現在心不可得，未來心不可得」。所以就拿後者去練習。久了之後，也就自以爲理解「應無所住而生其心」，而開始應用、練習。

但是，從一九九一年左右，打完第一次禪七，自以爲懂了「應無所住而生其心」開始，到二〇〇八年，至少十七年時間過去之後，回頭再看，才發現這十七年來原來也還是根本不懂，現在才懂了一點。

● 如果一句也不懂呢？讀久了也沒感應，還要讀嗎？

曾經，我也覺得《金剛經》眞難理解，眞難懂。
後來，我去韓國，買了一本韓文的《金剛經》，大吃一驚。整本經是以韓文把《金剛經》給注音下來。就像中文的許多佛經咒語，是把梵文給注音而來，韓國人也把《金剛經》給注音成一種咒語了。
我一方面感嘆於連懂中文的我們，讀《金剛經》都有難解之嘆，韓國人再把中文的《金剛經》注音成韓文，到底要如何閱讀；另一方面也不能不感佩他們在如此大的文字限制之下，仍然要讀《金剛經》的決心。
從那之後，我就再也不感嘆《金剛經》的難讀、難懂了。
至於讀《金剛經》想要企求什麼「感應」，早在《金剛經》裡面就有回答了：
「若以色見我，以音聲求我，是人行邪道，不能見如來。」
如果說《金剛經》可以給什麼「感應」，唯一的就是看你是否能找到一此章句是你相信的、理解的，並且在工作和生活中實踐、檢驗，並且在實踐、檢驗中，逐漸有即使自己不滿意，但畢竟在逐漸推進、改進的感覺。

●什麼時候讀？什麼地方讀？要不要讀出聲音？

任何時候。任何地方。讀出聲音好。不讀出聲音也好。

讀的時候，不要一直被無法理解的字句所困惑、干擾、中斷。只要清清楚楚地讀就好。

但因爲剛開始讀的時候，光是經文本身就容易帶給我們那麼多困惑，所以不妨選擇一個沒有外人打擾的地方，一個安靜的時間來讀。

起初的練習，可以讀出聲音。這樣的目的，是檢驗自己是否能「讀下去」。所謂「讀下去」，就是每讀一個字，都可以覺察到那一字被自己的眼睛清楚地看進去；那一個字的聲音被自己清楚地從嘴巴裡念出來，耳朵聽進去；然後自己的心，清楚地感受到這一切的過程，沒有被其他念頭干擾、打斷。每一字，每一句，都這麼清楚地讀下去，直到結束。

總之，光是就「讀」《金剛經》而言，重點不在「讀懂」，而在能不能清楚地「讀下去」。只要能清楚地「讀下去」，一定會發現一兩句體會，然後據以練習、實踐。

●爲什麼要搭配著讀《六祖壇經》？

《金剛經》是一部登峰造極的內功祕笈。但也因爲太巔峰，太精要，所以很多人容易望之卻步。

爲了體會這部內功祕笈，不妨搭配《六祖壇經》。如果說《金剛經》是用文言文寫成的內功心要，《六祖壇經》就是《金剛經》的白話版、演義版。

讀《六祖壇經》，我們可以有兩個收穫。

第一，可以像看小說一樣地，透過六祖的遭遇和說明，使《金剛經》要傳達的東西，比較容易理解與掌握。

第二，透過六祖本人，我們可以見到「佛性本自具有」的最眞實寫照。一個目不識丁的人，卻可以體悟並展現《金剛經》的極致，這個故事的本身就告訴我們，《金剛經》不是一部倚靠我們的文字能力，理解能力所能「讀懂」的經。

《金剛經》需要體悟，需要實踐。在體悟和實踐中不斷交互啓發前進。《六祖壇經》用一個像是小說的版本，說了《金剛經》。

● 爲什麼要搭配著讀六祖的《金剛經口訣》？

如果說《六祖壇經》是《金剛經》的白話版、演義版，那麼六祖註的《金剛經口訣》（又名《金剛經解義》），就是《金剛經》的註解版、分解動作版。

舉個例子來看就知道了。

《金剛經》全名《金剛般若波羅蜜經》。爲什麼要稱之爲《金剛般若波羅蜜經》，經文本身只提到佛陀給了這個名字，並沒多做解釋。在六祖的《金剛經口訣》中，則有細部的分解說明。

首先，六祖先就《金剛般若波羅蜜經》的旨意做了這樣的解釋：

如來所說金剛般若波羅蜜，與法爲名。其意謂何？以金剛世界之寶，其性猛利，能壞諸物。金雖至堅，羚羊角能壞。金剛喻佛性，羚羊角喻煩惱。金雖堅剛，羚羊角能碎。佛性雖堅，煩惱能亂。煩惱雖堅，般若智能破。羚羊角雖堅，鑌鐵能壞。悟此理者，了然見性。

然後，六祖又把「金剛」、「般若」、「波羅蜜」、「經」分開來，各自做了說明。

「金剛」，他說明得最多：

金在山中，山不知是寶，寶亦不知是山。何以故？為無性故。人則有性，取其寶用。得遇金師，鏨鑿山破，取礦烹鍊，遂成精金。隨意使用，得免貧苦。四大身中，佛性亦爾。身喻世界，人我喻山。煩惱喻礦，佛性喻金。智慧喻工匠，精進猛勇喻鏨鑿。身世界中有人我山，人我山中有煩惱礦。煩惱礦中有佛性寶，佛性寶中有智慧工匠。

用智慧工匠，鑿破人我山，見煩惱礦，以覺悟火烹鍊，見自金剛佛性，了然明淨。是故以金剛爲喻，因爲之名也。空解不行，有名無體。解義修行，名體具備。不修即凡夫，修即同聖智。故名金剛也。

再來，他解釋「般若」：

何名般若？般若是梵語，唐言智慧。智者不起愚心，慧者有其方便。慧是智體，智是慧用。體若有慧，用智不愚。體若無慧，用愚無智。祇爲愚癡未悟，故修智慧以除之也。

再來，「波羅蜜」：

何名波羅蜜?唐言到彼岸。到彼岸者,離生滅義。祇緣世人性無堅固,於一切法上有生滅相,流浪諸趣,未到眞如之地,並是此岸。要具大智慧,於一切法圓滿,離生滅相,即是到彼岸也。亦云心迷則此岸,心悟則彼岸。心邪則此岸,心正則彼岸。口說心行,即自法身有波羅蜜。口說心不行,即無波羅蜜也。

最後,解釋了「經」:

何名爲經?經者,徑也,是成佛之道路。凡人欲臻斯路,當內修般若行,以至究竟。如或但能誦說,心不依行,自心則無經。實見實行,自心則有經。故此經如來號爲金剛般若波羅蜜經。

換句話說，六祖的《金剛經口訣》，是提供我們更多在日常生活與工作中，可以隨時方便持誦，據以體悟的祕訣。對我而言，《金剛經口訣》最好用的，就是以四個字一組的方式，整理了許多六祖的解釋與方法，方便記憶、默誦、體會。

再以我前面提到的例子來說明。

我最早看不懂「應無所住而生其心」是怎麼回事。但是可以體會「過去心不可得，現在心不可得，未來心不可得」這句話，因此就拿這句話去練習。但與其說練習，早期不如說是一種體會的反覆啄磨。直到等我讀了《金剛經口訣》，把「念念精進，不令染著，前念才著，後念即覺，不令接續」深記在心，再進一步總結出「念起即覺，覺已不隨」之後，才算是眞正有了日常生活中應對「念頭」，見招拆招的工具。

所以說，六祖的《金剛經口訣》，是《金剛經》的註解版，也是分解動作版。

根器利如六祖者，可以聽一句「應無所住而生其心」，就有體悟。根器不如六祖的我們，起碼可以利用六祖所提供的口訣，而方便練習、實踐。

六祖的口訣，既然只是《金剛經》的註解版與分解動作版，所以六祖自己說：「後之學者，讀經有疑，見此解義。疑心釋然，更不用訣。」而我自己的體會是，正因爲在「疑心釋然」，所以繼續使用口訣，更加方便、有力。

有一點需要補充說明的是，不像《六祖壇經》，六祖的《金剛經口訣》，又名《金剛經解義》，究竟是否六祖所著，固然很多人認爲是，因而長久以來也流傳甚廣，但也有人持不同意見。（對《金剛經解義》

考證有興趣的人，可以去網上搜尋參閱〈惠能與金剛經解義〉一文，作者何照清。）

和《金剛經口訣》相似的，坊間還可以看到一本六祖的《金剛經註》。《金剛經註》和《金剛經口訣》有許多類似之處，也是一句句註解，一個個分解動作版。我也一路讀了二十年。但是在寫這本書的過程中，才注意到《金剛經註》裡有前人引後人之言，所謂「張飛戰岳飛」的問題，因此可以確認是一部「僞註」，就不收入本書之中了。

●《心經》又是什麼？

《心經》全名《般若波羅蜜多心經》，可以看作是《金剛經》的濃縮版。《金剛經》是長詩的話，《心經》就是短詩。因爲短，可以背下來也當一種口訣使用。

●怎樣才能在生活中練習、實踐《金剛經》？

要在生活中練習、實踐《金剛經》，首先得對《金剛經》有體會。如前面所說的，對《金剛經》的體會，不必執著於讀懂全部經文，只要能清清楚楚地「讀下去」，有那麼一兩句就可以了。

這一兩句有所體會的，就是你練習、實踐《金剛經》的灘頭堡。如果確實能「口誦」加「心行」地實踐，這一個灘頭堡就會鞏固下來。不但會體會到實踐的心得，也會回頭幫助你對《金剛經》有更多的體會，再從灘頭堡往前擴大陣地。

我前面說過，《金剛經》是一本教我們管理「念頭」的書。

對於「念頭」，人可以分四種。

第一種，是始終不知道「念頭」是需要管理的。換另外一種說法，就是自己始終不知道自己的習慣和個性，有什麼需要調整的地方。

第二種，知道「念頭」需要管理，知道自己的習性有需要調整之處，但是一旦自己不該起的念頭起來的時候，卻毫無覺察，非得等到隨著念頭把不該做的事情都做了，才事後懊悔，痛恨自己為什麼沒有管理好「念頭」。可是下次再碰上同樣的情況，他又跟著自己痛恨的這個念頭跑了，又要到大錯鑄成，才懊悔不已。然後又再一次次歷史重演。自己知道有習性要改，但始終改不了。

第三種，是懂得看管念頭的方法，從十次中看管好一次做起，逐漸能看管好兩次、三次，越來越有把握。

第四種，就是真正可以「應無所住而生其心」的人。

前三種人，只要能持續把自己對《金剛經》的體會「口誦」並「心行」，照著《六祖壇經》和《金剛經口訣》繼續前行，則時間或早或晚，或長或短，一定有一天能眞正體悟到什麼是「應無所住而生其心」，並實踐。

然而，正如《金剛經》所言，所有的說法都只是個說法，所以也不要被「看管念頭」這個說法所限制住。「看管念頭」，不是說像打兔子洞一樣，看哪個念頭冒起來，就用力地打壓下去，或者總要用力地把它鎖在哪個角落。如果用這種方法，一旦因爲作用力越大反作用力也越大而打不下去，鎖不住的時候，就麻煩了。

《金剛經》說的方法，是「過去心不可得，現在心不可得，未來心不可得」，要我們認清這些念頭的虛幻不實。既然虛幻不實，就根本不存在，於是這些念頭就可以消失了。看管念頭，這是最上乘的方法。或者，像《六祖壇經》所言：「凡夫即佛，煩惱即菩提。前念迷即凡夫，後念悟即佛。前念著境即煩惱，後念離境即菩提。」一看到要讓自己煩惱的念頭起來了，我們就有覺察；覺察了，就跟它說：「拜拜，我知道你又來了，可是對不起，我不和你一起玩了。」換句話說，我們不想起的念頭一起，就像一縷輕煙飄了起來。而我們就輕輕吹口氣，把那縷輕煙吹開，而不是看到輕煙就走過去，結果走進濃濃的迷霧，終至伸手不見五指，墜入坑洞陷阱。

這就是「念起即覺，覺已不隨」。用這個方法，就是在輕煙才起之時，就有覺察，然後把它吹散。輕煙反覆再來，我們就反覆輕輕吹散。如果能一次次如此吹散，也就是在逐漸練習看管自己的念頭。也就是所謂的「對境練心」。

在實踐《金剛經》來對境練心的時候，一定要搭配「戒」、「定」、「慧」。

「戒」，就是不做讓別人痛苦的事。因爲別人不痛苦，所以也就不會回頭來找你的麻煩，給你製造痛苦。如此，你就可以生活在一個逐漸清淨的環境裡，也就是減少讓自己念頭此起彼落、應接不暇的機率，增加自己可以看管念頭的機率。

「定」，就是不論在任何情況下，都能維持一個自己做主的心。檢查自己是不是有一個可以做主的心，絕不隨念頭起舞。

「慧」，就是時刻不忘自己從《金剛經》或《六祖壇經》或《金剛經口訣》中的體會，隨時在生活中提醒自己，檢驗自己，調整自己。

即使牢記「戒」、「定」、「慧」，難免有疏忽、犯錯的時候。疏忽、犯錯的時候，不要痛哭流涕，但是事過境遷就又故態重萌。疏忽、犯錯之後，誠懇地面對，知道自己錯在哪裡，決心不要重犯，這才是眞正的「懺悔」。「懺」，就是知道自己錯在哪裡；「悔」，就是絕不重犯。

靠著口訣來實行佛法，又知道使用「懺悔」來修正自己的行爲，讓自己犯的錯誤可以越來越少，那就是「修行」。

這樣的實踐，才是「口說」加「心行」。如果只讀《金剛經》而不實踐，就算每一句都讀懂了，讀了億萬遍，也比不上只是依據《金剛經》的四句偈去實踐的人。這是《金剛經》裡面就說著的。

而《六祖壇經》裡，更對這種只說不行的情況，做了以下的比喻：「世人終日口念般若，不識自性般若，猶如『說食不飽』」、「口莫終日說空，心中不修此行。恰似凡人自稱國王，終不可得」。

《金剛經》，必須實踐。

●實踐《金剛經》的時候，有什麼關鍵字？

《金剛經》是對治人的念頭，管理人的念頭。每個人的念頭起伏情況和習慣都不同，所以關鍵字要自己找。只有你自己最清楚你需要的關鍵字是什麼。

把《金剛經》、《六祖壇經》、《金剛經口訣》讀下去，你一定會找到你需要的關鍵字。然後時時刻刻用來默誦、實踐。

但要小心。看我的例子，我把口訣的關鍵字用得太勤，太久沒有回頭讀《金剛經》本身，結果就連「應云何住」那句話的提醒，都忘記了。《金剛經》要實踐，也要隨時再回頭讀。

附錄：數息打坐法

一個測驗你對念頭掌控力的遊戲

打坐方法，成千上萬。舉其大者，主要兩種系統：

一是調身，經由身的柔軟、平順、調和，進而達到心的平靜、專注、統一。

一是修心，經由心的平靜、專注、統一，進而達到身的柔軟、平順、調和。

數息法，主要屬於後者，也就是修心。

數息法，乃禪宗入門之途。

A. 環境注意事項：

1. 一個通風良好的房間。但不要風太大，以免感冒或寒氣入身。
2. 每日時間，次數不拘，但早上最好有一次，因爲早上的空氣好。不利用可惜。
3. 不要靠近電話。第一，電話鈴響起來的時候可能會嚇到你。第二，根本就不要想電話這回事。

B. 工具：

1. 一個電子式的小鬧鐘。聲音不要太響，以免在坐得很沉時嚇到自己。或可用毯子蓋住，聲音較不會尖銳。只要在時間到的時候提醒自己結束即可。
2. 一條薄毯，蓋在膝蓋上。打坐時，膝蓋很容易受到風寒。如果天冷，可用保暖的毯子。

3. 如果是在地上盤腿打坐，爲了阻隔地上的濕氣，先鋪一張方墊。爲了幫助腰部減輕壓力，坐圓蒲團。先把方墊放在地上，再把圓蒲團放在方墊上。盤坐時坐在圓蒲團上，不要坐滿，約坐三分之一到二分之一。

C. 打坐前準備事項：

1. 把電子鬧鐘撥好打坐的時間。

一般來說，開始，不妨從每次十五分鐘做起。每次時間長短不是重點。重點在於是否能每天持之以恒。當然，如果又能持之以恒，每次時間又長，那是最好。

否則，還是寧可開始的時候坐的時間雖然短，但是每天坐，然後逐漸加長時間。

如果每次能坐到三十分鐘，就已經有成績了。等每次能坐到一個小時的時候，就相當好了。

2. 開始前，先去一下洗手間，以免坐到一半又想去洗手間。

D. 身體要注意事項：

1. 身體放鬆，但不要彎腰駝背；脊椎要坐直，但不必刻意用力抬頭挺胸。可以想像自己的脊椎像長條的氣球一般自然浮直。

2. 背不要靠牆，不要靠任何東西。

3. 雙腿最好盤坐，但如果腿實在很痛，做不到，雙腿也可以隨意交叉而坐。如果連這樣也不舒服，也可以坐在椅子上。但，不管怎麼坐，背都不要靠牆就是了。

4. 雙手，互握在一起。講究一點，可以左手放在右手掌掌心上，兩手拇指輕輕相觸，形成一個小橢圓形，自然輕放在盤坐的大腿上。我自己常用的是，右手握住左手大拇指的姿勢。不必握得太緊。如此可以一來牢牢地「把握」住自己，不致散亂，二來，兩手的電極接觸，可以迴流出很大的能量。

5.舌尖微頂上顎。這樣口中可以自動產生津液，不必擔心口渴。

6.收下巴，頭稍微向前低一點，一點點。

7.眼睛可以全閉，也可以全開。但是，全開容易分神；全閉容易昏沉。所以可以保持眼簾半垂，僅餘的視線，則端視鼻下。注意不要盯著看，眼睛放鬆，視而不見。如果不怕昏沉，不怕打瞌睡，全閉也無妨。

8.呼吸，不必刻意導引，自然呼吸即可。心息相依，打坐一段時間後，呼吸自然會變得越來越深沉平順，自然轉爲腹部呼吸。

※注意：

人不會呼吸，就完蛋了。即使不打坐，不懂打坐的人，在日常呼吸中，每一次吸氣，都是把自然界空氣中的能量與養分納入肺裡，進而到血液；每一次呼氣，都是把自己體內循環過的廢氣排出去的過程。呼吸是人體最基本也最重要的新陳代謝過程。但是因爲來得太自然了，所以一般人都沒有好好珍惜「呼吸」的功能（通常都是到要沒命了的時候，才想到）。也根本沒有想到開發呼吸更深一層的功能。

我們既然要開始打坐，學習打坐，就要珍惜每一個呼吸的機會。我們可以透過打坐這種深沉又平順的呼吸過程，先是仔細體會一下呼吸的美妙，再進而開發呼吸更細微、更微妙的功能。

E.方法：

1.全心全意注意自己的呼吸。

2.數自己的呼吸。數息法有數呼氣的，也有數吸氣的，這裡說的是數呼氣的，可以將身心的濁氣、煩惱排出體外。只數呼氣，不數吸氣，千萬不要數了呼氣又數吸氣。

呼第一次，數一；

呼第二次，數二；

呼第三次，數三。……一直數到十。

3.數到十之後，就從頭再來。

一，二，三，四，五，六，七，八，九，十。

不要數到十一，十二，十三……總之，數到十就一個循環。到十就一個循環。

4.用這個方法，只管數息。天大地大，數息最重要。
數不到息，氣就沒了。
要有這個體認。

5.一到十，一到十，一到十，有條不紊，清清楚楚地伴隨著自己的呼氣
數到鬧鐘響，就可以起身了。

※注意：

坐得是否進入狀況，是否進步，可以對照以下情況來檢驗：

1.每一次呼氣，是否都意識清楚，數得清楚。

2.一到十是否數著數著，就間斷了。如果數著數著停在那裡，間斷了，
就是腦子去想別的事了。

3.一到十是否數著數著，就跑掉了。如果數著數著就數到十五，十六，

二十，這也是腦子去想別的事了。

4. 如果每一次呼氣都數得清楚，一到十，一到十，一到十，有條不紊，可以一直清清楚楚地持續到鬧鐘響，那就是有成績。然後一次一次加長時間，就是在進步了。

5. 如果數著數著發現自己已經昏昏沉沉，或是中斷，或是超過十，二十等等，不必驚慌，也不必羞愧。只管把自己的心思再拉回來，從頭再來就是。有時候會這一天整個打坐過程都打得很差，亂七八糟，也不必沮喪，第二天再努力就是。

F. 打坐後注意事項：

1. 聽到鬧鐘響，就是可以起身的時候了。

2. 但是，不要一下子馬上起身。心念先動，告訴自己要起來了，然後再輕輕擺動身體，坐著活動一下。

3.由於身心在打坐之後，能量充滿，如果能在這時再將全身放鬆按摩，更能使打坐的效果事半功倍，對身心健康有極大的幫助。可先摩擦雙手，以溫熱的雙手從臉部、頭部、頸部，到胸部、腹部，兩肩、兩手，背部、腰部到雙腳，專注而放鬆地全身按摩，讓氣血更活絡順暢。

4.按摩完後，就可以起身活動筋骨，做做柔軟體操

5.打坐告一段落。

G.特別注意事項，切記，切記

1.一旦我們要開始打坐，總會給自己找種種藉口來延遲進行，最常見的藉口就是最近的身體狀況不好，腰痠背痛，所以還是等身體舒服一點

之後再進行。這都是害自己的想法，千萬不要跟著這種念頭起舞。不要忘了，正是因爲身心狀況不佳，所以才需要打坐，如果等身心都舒服了，那又何必打坐？

2. 開始打坐的時候，一定會思緒紛飛，東想西想，很難集中精神只想打坐的事。這都是正常的，每個人都會碰上的事，重要的是不要半途而廢。如果腦袋跑去想了別的事情，就再把它抓回來想打坐的事就是了。我們會胡思亂想，會想不清楚，都是正常，千萬不要沮喪，不要沒有信心，只要持續坐下去，一定會有作用。

3. 從開始坐下，到鬧鐘鈴聲響起，這段打坐的時間，要把自己當作已經與世隔絕，已經埋入地下。天大的事，也和我們無關了。我們能做的事只有一件：打坐，繼續坐。絕不能半途起身或中斷。

打坐的過程中，往往會想起一些平常不容易想起的東西，千萬不要馬上跳起來去做，或是要起身把它記下來什麼的。

反正只有一個重點，鈴聲不響，我們絕不動彈。

打坐方法，最好擇一而行，不要自恃博學，同時使用兩種方法。

For2 012
一隻牡羊的金剛經筆記

作者：郝明義
責任編輯：傅凌
美術設計：張士勇
法律顧問：董安丹律師、顧慕堯律師
出版者：英屬蓋曼群島商網路與書股份有限公司台灣分公司
台北市105022南京東路四段25號11樓
TEL：886-2-25467799 FAX：886-2-25452951
Email：help@netandbooks.com
http://www.netandbooks.com

發行：大塊文化出版股份有限公司
台北市105022南京東路四段25號11樓
TEL：886-2-87123898 FAX：886-2-87123897
讀者服務專線：0800-006689
Email：locus@locuspublishing.com
http://www.locuspublishing.com
郵撥帳號：18955675
戶名：大塊文化出版股份有限公司

總經銷：大和書報圖書股份有限公司
地址：新北市新莊區五工五路2號
TEL：886-2-8990-2588 FAX：886-2-2290-1658
製版：瑞豐實業股份有限公司

初版一刷：2009年2月
二版十刷：2021年9月
定價：新台幣299元
ISBN：978-986-6841-35-4